Economia empresarial

ECONOMIA E FINANÇAS

Economia empresarial

Antônio Carlos Pôrto Gonçalves
Nora Raquel Zygielszyper
Robson Ribeiro Gonçalves
Virene Roxo Matesco

2ª EDIÇÃO

Copyright © 2018 Antônio Carlos Pôrto Gonçalves; Nora Raquel Zygielszyper; Robson Ribeiro Gonçalves; Virene Roxo Matesco

Direitos desta edição reservados à
EDITORA FGV
Rua Jornalista Orlando Dantas, 37
22231-010 | Rio de Janeiro, RJ | Brasil
Tels.: 0800-021-7777 | 21-3799-4427
Fax: 21-3799-4430
editora@fgv.br | pedidoseditora@fgv.br
www.fgv.br/editora

Impresso no Brasil / *Printed in Brazil*

Todos os direitos reservados. A reprodução não autorizada desta publicação, no todo ou em parte, constitui violação do copyright (Lei nº 9.610/98).

Os conceitos emitidos neste livro são de inteira responsabilidade dos autores.

1ª edição – 2012; 2ª edição – 2018

PREPARAÇÃO DE ORIGINAIS: Sandra Frank
EDITORAÇÃO ELETRÔNICA: Abreu's System
REVISÃO: Aleidis de Beltran | Fatima Caroni
CAPA: aspecto:design

Ficha catalográfica elaborada pela Biblioteca Mario Henrique Simonsen/FGV

Gonçalves, Antônio Carlos Pôrto
    Economia empresarial / Antônio Carlos Pôrto Gonçalves... [et al.]. – 2. ed. – Rio de Janeiro : FGV Editora, 2018.
    176 p.

    Em colaboração com: Nora Raquel Zygielszyper, Robson Ribeiro Gonçalves, Virene Roxo Matesco.
    Publicações FGV Management.
    Área: Economia e finanças.
    Inclui bibliografia e glossário.
    ISBN: 978-85-225-2089-3.

    1. Economia gerencial. 2. Oferta e procura. 3. Concorrência. 4. Preços. 5. Política monetária. 6. Política tributária. 7. Balanço de pagamentos. I. Zygielszyper, Nora Raquel. II. Gonçalves, Robson Ribeiro. III. Matesco, Virene. IV. FGV Management. V. Fundação Getulio Vargas. VI. Título.

                                                            CDD – 658.15

*Aos nossos alunos e aos nossos colegas docentes,
que nos levam a pensar e repensar nossas práticas.*

Sumário

Apresentação	11
Introdução	13
1 | A teoria da demanda e da oferta	15
A teoria da demanda	16
O comportamento da demanda	18
As demandas individuais e a demanda de mercado	20
Os deslocamentos da curva de demanda	22
A teoria da oferta	23
As ofertas individuais e a de mercado	25
O mercado: encontro do comprador e do vendedor	26
A ação dos compradores e dos vendedores	27
Elasticidades: as sensibilidades medidas	29
Demanda: elasticidade-preço	30
Demanda: a elasticidade-renda	33
Oferta: a elasticidade-preço	35
Exercícios	37
Breve nota biográfica: *Alfred Marshall (1842-1924)*	38
Para enriquecer	39
2 | Os mercados competitivos e não competitivos	41
Os custos de uma empresa	42
A maximização do lucro	44
A competição perfeita	44
Lucro econômico *versus* lucro contábil	46
O monopólio	48
Os oligopólios	52
A concorrência monopolística	53
A teoria dos jogos	55

A defesa da concorrência no Brasil ... 59
Blocos econômicos: como definir o mercado ... 60
Exercícios ... 61
Breve nota biográfica: *John Nash (1928-2014)* ... 62
Para enriquecer ... 62

3 | A mensuração da atividade econômica: produção e preços ... 65
Alguns obstáculos a superar na estimativa do PIB ... 66
Produção, renda e valor agregado ... 70
Ciclo de negócios e crescimento potencial ... 73
Investimento e crescimento do PIB potencial ... 78
Inflação e índices de preço ... 81
Exercícios ... 85
Breve nota biográfica: *John Maynard Keynes (1883-1946)* ... 87
Para enriquecer ... 87

4 | As políticas monetária e fiscal e a estabilização da economia ... 89
A moeda ... 89
O banco central e a geração da moeda ... 92
O banco central autônomo ou independente ... 94
A política monetária ... 95
O regime de metas de inflação ... 97
A escolha do índice da inflação para o regime de metas no Brasil ... 98
A atuação do banco central na busca do cumprimento da meta ... 100
O papel das expectativas e a autonomia do banco central ... 101
A política fiscal ... 102
A situação das contas públicas ... 103
A dívida pública ... 104
A política fiscal e a sustentabilidade das contas públicas ... 106
As agências de avaliação de risco e o grau de investimento ... 108
Exercícios ... 110
Breve nota biográfica: *Milton Friedman (1912-2004)* ... 111
Para enriquecer ... 112

5 | O balanço de pagamentos ... 113
A conta-corrente e a conta de capital do BP ... 114
O mercado cambial ... 118
Fatores que influenciam as contas do balanço de pagamentos e o mercado cambial ... 119
O mercado cambial e a atuação do governo (política cambial) ... 120
Os regimes cambiais básicos (taxa fixa e taxa flutuante) ... 121

A taxa de câmbio real ... 122
As contas nacionais e o balanço de pagamentos ... 125
Exercícios ... 128
Breve nota biográfica: *Adam Smith (1723-1790)* ... 130
Para enriquecer ... 130

6 | As vantagens comparativas e o comércio internacional ... 133
A teoria das vantagens comparativas ... 133
Os ganhos decorrentes do comércio ... 136
A origem da teoria das vantagens comparativas ... 137
Sobre perdedores e ganhadores ... 138
Formas de protecionismo ... 140
Críticas ao livre comércio internacional: algumas considerações ... 141
As grandes crises econômicas e as políticas protecionistas ... 143
Acordos de comércio internacional e a Organização Mundial
   do Comércio ... 144
Exercícios ... 147
Breve nota biográfica: *David Ricardo (1772-1823)* ... 148
Para enriquecer ... 149

Conclusão ... 151
Referências ... 153
Glossário ... 155
Apêndice ... 165
Autores ... 173

Apresentação

Este livro compõe as Publicações FGV Management, programa de educação continuada da Fundação Getulio Vargas (FGV).

A FGV é uma instituição de direito privado, com mais de meio século de existência, gerando conhecimento por meio da pesquisa, transmitindo informações e formando habilidades por meio da educação, prestando assistência técnica às organizações e contribuindo para um Brasil sustentável e competitivo no cenário internacional.

A estrutura acadêmica da FGV é composta por escolas e institutos, todos com a marca FGV, trabalhando com a mesma filosofia: gerar e disseminar o conhecimento pelo país. Dentro de suas áreas específicas de conhecimento, cada escola é responsável pela criação e elaboração dos cursos oferecidos pela FGV Educação Executiva, criada em 2003 com o objetivo de coordenar e gerenciar uma rede de distribuição única para os produtos e serviços educacionais da FGV.

Este livro representa mais um esforço da FGV em socializar seu aprendizado e suas conquistas. Foi escrito por professores da FGV, profissionais de reconhecida competência acadêmica e prática, o que torna possível atender às demandas do mercado, tendo como suporte sólida fundamentação teórica.

A FGV espera, com mais essa iniciativa, oferecer a estudantes, gestores, técnicos e a todos aqueles que têm internalizado o conceito de educação continuada, tão relevante na era do conhecimento na qual se vive, insumos que, agregados às suas práticas, possam contribuir para sua especialização, atualização e aperfeiçoamento.

Rubens Mario Alberto Wachholz
Diretor da FGV Educação Executiva

Sylvia Constant Vergara
Coordenadora das Publicações FGV Management

Introdução

O propósito deste livro de economia empresarial é expor alguns conceitos econômicos fundamentais e exemplificar como podem ser utilizados. Para entender e interpretar o ambiente em que atuam, as pessoas que tomam decisões para si próprias, ou em qualquer organização, a saber, empresas públicas ou privadas, associações, sindicatos, órgãos públicos, ONGs e outras, necessitam conhecer as ferramentas básicas da análise econômica. Certamente, esse conhecimento acarretará um processo de tomada de decisões mais consciente e com maior possibilidade de acerto.

O livro está dividido em seis capítulos, dois de microeconomia, três de macroeconomia e um de comércio internacional. O primeiro capítulo explica a teoria da demanda e da oferta, e como essas duas forças interagem nos mercados, formando os preços de bens e serviços e determinando as quantidades negociadas. Esse capítulo termina com considerações sobre a sensibilidade, ou elasticidade, da demanda e da oferta às variações dos preços e da renda.

O segundo capítulo formula e explica os vários conceitos de custo. E passa a utilizá-los para analisar alguns tipos importantes de mercados: competitivo, monopólico e oligopólico. Para considerar este último caso, algumas ideias básicas sobre a teoria dos jogos são introduzidas.

Os três capítulos seguintes versam sobre macroeconomia. O terceiro trata do importante problema de medir a atividade econômica agregada: a produção e os preços. Conceitos fundamentais como o produto interno bruto (PIB) e a renda da economia são então abordados e explicados. As flutuações cíclicas e a evolução a longo prazo das economias são também consideradas.

O quarto capítulo versa sobre a ação do governo via suas políticas monetária e fiscal. Explica vários assuntos ligados a esse tema, como a geração da moeda moderna, os bancos centrais, independentes ou não, os instrumentos da política monetária, o regime de metas de inflação, o déficit orçamentário do governo e a dívida pública.

No capítulo cinco, introduzimos o estudo do balanço de pagamentos do país com o exterior. E são abordados aspectos como o mercado cambial e a formação do preço da moeda estrangeira, a taxa de câmbio real, a poupança externa como financiadora dos investimentos e assim por diante. No capítulo seis, o importante conceito de vantagem comparativa é apresentado e usado para o estudo do comércio internacional, formação de blocos comerciais, instituições internacionais e outros aspectos importantes ligados ao comércio entre países.

Em todos os capítulos há exercícios, com respostas no final do livro. É importante que você, leitor, tente fazê-los para verificar seu aprendizado.

A demanda e a oferta de fato se encontram; não são meramente conceitos abstratos, remotos. Veja, leitor, na foto a seguir, um desses encontros, o qual ocorre diariamente nos mercados de produtos agrícolas (Ceasas). Por trás do abastecimento das grandes cidades, há mercados como esse.

1
A teoria da demanda e da oferta

A teoria econômica da demanda e da oferta estuda a formação dos preços nos mercados de bens e serviços, para o consumo das pessoas e para uso na produção. O foco central é a investigação das variáveis que influenciam as decisões dos compradores e dos produtores e sua interação.

Vivemos em uma sociedade de trocas, pois isoladamente as pessoas produziriam muito menos para atender aos seus próprios desejos. A teoria estuda o funcionamento social do sistema econômico, pela ótica analítica dos demandantes e dos ofertantes de bens e serviços.

O encontro físico ou virtual daqueles que desejam comprar com os que desejam vender se dá no mercado, que pode ser simples, tal como o do vendedor de pipocas, ou complexo, como o de opções de ações. Muitos fatores influenciam o comportamento das pessoas nos mercados. O próprio preço do produto no mercado serve como informação relevante para quem quer comprar ou vender, suas flutuações refletindo as variações da escassez relativa do produto em questão.

Neste capítulo, consideramos o comportamento dos demandantes e dos ofertantes de bens e serviços, e suas reações às mudanças em variáveis como o preço, a renda, o custo e outras.

Antes de desenvolver o assunto é preciso dar uma explicação. Para isolar o efeito de cada variável, os economistas costumam supor que todas as demais variáveis impactantes, sobre a demanda e a oferta, permaneçam constantes naquele período de tempo. Esta hipótese é descrita pela expressão latina *ceteris paribus*, que significa "tudo mais permanecendo inalterado".

A teoria da demanda

A teoria da demanda se baseia no processo de escolha das pessoas que, independentemente de sua riqueza, costume, religião e localização geográfica, desejam demandar bens e serviços, gastando seu fluxo de renda. Em geral, elas buscam maximizar sua satisfação despendendo recursos monetários dentro das possibilidades definidas pela sua renda, individual ou familiar, e pelos preços dos produtos.

Imagine que exista um termômetro que meça a satisfação ou o prazer sentido pelas pessoas no ato de consumir. A teoria econômica denomina essa satisfação "utilidade total" (UT) e postula que tem uma relação positiva com o consumo de bens e serviços.

Pense, leitor, por exemplo, na satisfação que um andarilho caminhando por uma estrada deserta, no verão, sentiria ao encontrar um vendedor de refrigerantes bem gelados. É razoável admitir que seu ganho de bem-estar, ou de satisfação, seria muito elevado, sobretudo nos primeiros goles degustados. Mas o acréscimo de satisfação será o mesmo quando beber o terceiro copo? E o quarto? Certamente, o elevado ganho inicial não se manterá. Refletindo sobre esse fato, a teoria econômica considera que, se o consumo aumenta, a utilidade total aumenta; se diminui, a utilidade total também diminui. Mas o valor acrescentado à utilidade total a partir do primeiro, segundo, terceiro e demais copos de refrigerante é decrescente. A variação na utilidade total quando uma unidade a mais é consumida chama-se "utilidade marginal" (UMg). A UMg decresce com o aumento do consumo, o que é conhecido como a lei da utilidade marginal decrescente.

> A utilidade total depende das quantidades consumidas e cresce à medida que o consumo cresce. Mas o acréscimo de satisfação a cada copo adicional é cada vez menor. A utilidade marginal decresce. Se o aumento de satisfação tende a diminuir, o preço máximo que o consumidor pagaria pelo primeiro copo seria maior do que pagaria pelos últimos copos adquiridos.

A tabela 1 apresenta valores hipotéticos de medidas de satisfação, expressas em unidades de utilidade, e os preços máximos que o andarilho estaria disposto a pagar pelos sucessivos copos de refrigerante. Esses preços declinam, refletindo o decréscimo da utilidade marginal com o aumento do consumo.

Tabela 1
Utilidade total, marginal e preço

Copos de refrigerante	UT	UMg	Preço máximo
1	50	50	10,0
2	90	40	8,0
3	120	30	6,0
4	140	20	5,0
5	155	15	3,0
6	165	10	2,0

Na figura 1 o gráfico (a) mostra a relação direta entre a utilidade total e a quantidade consumida, enquanto o gráfico (b) mostra a relação inversa entre a utilidade marginal e a quantidade consumida. A utilidade marginal decresce com a quantidade consumida, e o preço que o andarilho estaria disposto a pagar também decresce.

Figura 1
Variações da utilidade total e marginal

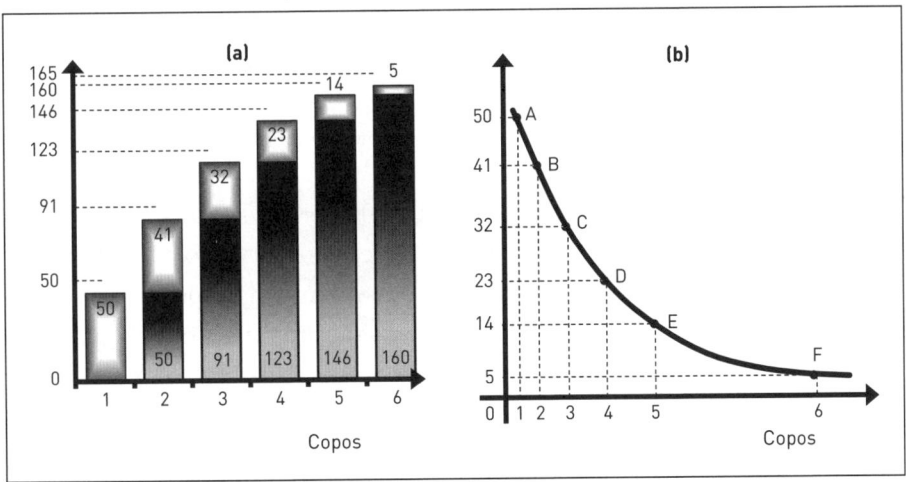

Agora, imagine, leitor, que o preço cobrado pelo vendedor de refrigerantes seja de R$ 4,00. O andarilho sedento pagaria até R$ 10,00 pelo primeiro copo de refrigerante. Mas vai pagar apenas R$ 4,00 por algo que valoriza em R$ 10,00. Seu ganho de R$ 6,00 denomina-se "excedente do consumidor"; é a diferença entre o preço máximo que estaria disposto a pagar pelo bem e o que efetivamente paga. Na figura 2, o "excedente do consumidor" é a área acima de preço = 4 e abaixo da linha que relaciona os preços e as quantidades consumidas. Essa linha é chamada "curva de demanda" e é declinante, refletindo a utilidade marginal também declinante.

Figura 2
Excedente do consumidor e a demanda

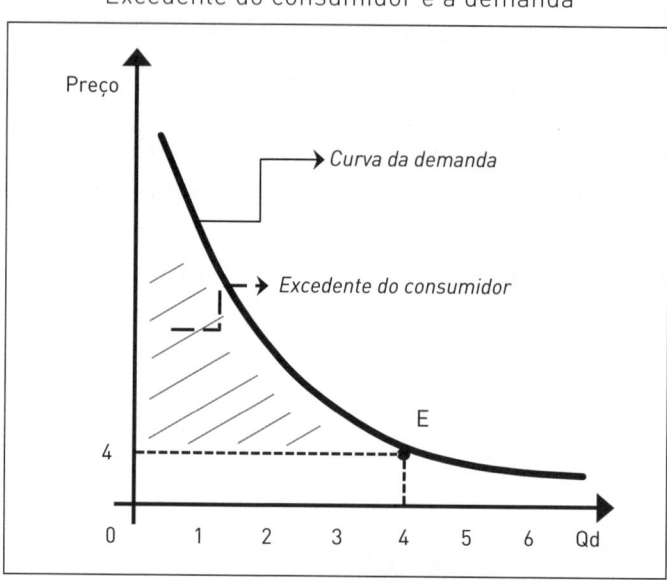

Como a figura 2 mostra, ao preço de R$ 4,00 por unidade o andarilho compraria uma quantidade total de quatro unidades, indicada pelo ponto E sobre a curva de demanda. Estaria em equilíbrio nesse ponto; não compraria mais do que quatro unidades, pois para ele o valor do quinto refrigerante é inferior a R$ 4,00; nem compraria menos, pois valeria a pena pagar apenas R$ 4,00 pelo quarto copo, tendo consumido apenas três anteriormente.

A curva na figura 2 reflete o comportamento da demanda pelo bem em questão, e seu estudo detalhado será realizado a seguir.

O comportamento da demanda

Uma das hipóteses da teoria da demanda é que todo consumidor é um agente racional: tendo em vista seus desejos e gostos, e as circunstâncias, ele escolhe o melhor para si. Logo, supondo seus desejos estáveis, as quantidades consumidas de qualquer bem ou serviço são uma função das variáveis que definem as circunstâncias, do processo de escolha. Pode-se representar a quantidade demandada como uma função: $Qd = f(P, P_c, P_s, Y)$, onde:

- Qd = quantidade demandada;
- P = preço do próprio bem ou serviço;
- P_c = preços dos bens ou serviços complementares;
- P_s = preços dos bens ou serviços substitutos;
- Y = renda individual ou familiar.

Preço do próprio bem ou serviço (P). O preço do próprio bem é o elemento central na determinação das quantidades adquiridas. Os consumidores normalmente compram mais quando o preço do bem cai, e menos quando o preço sobe. Esse comportamento, usual da grande maioria das pessoas, é denominado "lei da demanda".

> Lei da demanda: a quantidade demandada diminui se o preço subir e vice-versa, *ceteris paribus*.

Preços dos bens ou serviços complementares (P_c). Há muitos bens e serviços que se complementam no consumo das pessoas e das famílias. Complementares são aqueles que, ao comprarmos um deles, temos a propensão de comprar o outro também. Como exemplo, temos a complementaridade no consumo de *shampoos* e de cremes condicionadores para cabelo. Ou do serviço de transporte aéreo para Manaus e de hospedagem em Manaus. E se o preço da passagem aérea para Manaus aumentar, certamente diminuirá a demanda por hotéis em Manaus. De fato, em geral diminui a demanda por um bem se o preço de um bem complementar a ele aumentar. E o inverso acontecerá se o preço do bem complementar diminuir.

Preços dos bens ou serviços substitutos (P_s). Os consumidores buscam substituir bens ou serviços por outros quando ocorrem variações de preços. Um bem ou serviço é denominado substituto de outro quando o indivíduo tende a trocá-lo pelo outro se houver uma variação relativa de preços. Por exemplo, quando aumenta o preço da maçã, a demanda por peras aumenta, pois são bens substitutos.

Renda individual ou familiar (Y). Em geral, cada pessoa dispõe de um fluxo de recursos monetários regular, sua renda, e pode gastá-la total ou parcialmente na aquisição de uma cesta de bens. A renda da maioria das pessoas é limitada diante de suas inúmeras necessidades e desejos. E, por isso, escolhem o que e o quanto vão consumir dentro de suas possibilidades. Um aumento real da renda ocorre quando a renda monetária (também chamada nominal) aumenta, e seu poder aquisitivo também, ou seja, os preços não aumentam tanto quanto a renda.

Quando há um aumento real de sua renda, os indivíduos despendem mais em vários bens e serviços. Esses bens e serviços são chamados normais, porque esse é o padrão normal no comportamento das pessoas em relação à maioria dos bens. O inverso também ocorre: quando há queda da renda real, o consumo desses bens se reduz.

No entanto, há situações em que um aumento de seu poder de compra leva o indivíduo a reduzir o consumo de alguns bens e serviços que considera inferiores. Certos cortes de carne bovina, considerados de segunda, são exemplos típicos, porque se observa uma redução de seu consumo à medida que a população melhora seu padrão de renda real.

As demandas individuais e a demanda de mercado

O comportamento das pessoas, em termos das quantidades demandadas, quando há variações do próprio preço do bem em questão, é o efeito central. A curva de demanda mostra, a cada preço, quanto uma pessoa compraria de determinado bem. Para desenhá-la é necessário adotar a hipótese de *ceteris paribus*, isto é, os demais determinantes da demanda são, provisoriamente, supostos constantes.

Imagine, leitor, que duas pessoas, Larissa e Vanessa, adquiram certo produto disponível no mercado. Larissa compra 15 unidades ao preço de mercado de R$ 14,00, conforme gráfico (a) da figura 3. Ao mesmo preço, Vanessa compra um pouco mais, 25 unidades – gráfico (b). Logo, a demanda total de mercado, ao preço de R$ 14,00, é de 40 unidades, 15 + 25, representada pelo ponto A no gráfico (c). As quantidades demandadas por Larissa, Vanessa e também por outros compradores formam a demanda de mercado, que é o somatório das quantidades demandadas individualmente ou pelas famílias, a cada preço.

Figura 3
As demandas individuais e as de mercado

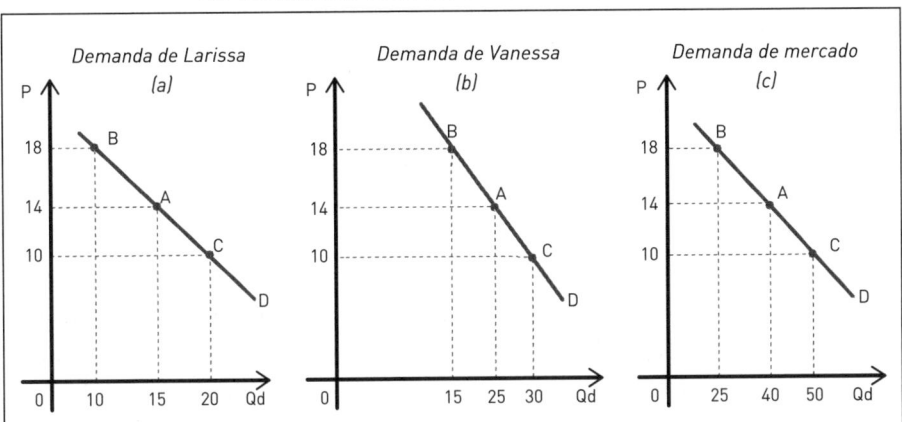

Quando o preço se eleva, de R$ 14,00 para R$ 18,00, Larissa e Vanessa tomam decisões de demandar menos, movendo suas posições nos gráficos (a) e (b) ao longo de suas curvas de demanda, em direção ao ponto B. Demandam 10 e 15 unidades, respectivamente. Com a subida do preço, ocorreu uma redução da demanda de mercado, de 40 unidades para 25 unidades, gráfico (c), ainda na figura 3. Se os preços caírem para R$ 10,00, Larissa e Vanessa comprarão mais. Ao longo das suas curvas de demanda e ao longo da demanda de mercado, haverá um movimento em direção ao ponto C, aumentando as quantidades demandadas totais para 50 unidades.

> A demanda de mercado é a soma de todas as demandas individuais.

As quantidades demandadas totais são sujeitas ao chamado "efeito manada". As pessoas, pelas mais diversas razões, podem decidir comprar ou não, e se influenciam mutuamente. A demanda de mercado está sujeita a esses condicionantes, inclusive ao humor dos consumidores no momento da compra. E as decisões de uns podem influenciar as de outros, gerando variações súbitas da curva de demanda. Enfim, as variações no consumo podem resultar em mudanças, permanentes ou temporárias, nas motivações, desejos, e necessidades dos compradores; desejos e gostos não são sempre fixos e quando mudam deslocam a curva de demanda. Por exemplo, após um problema sério de saúde, uma pessoa resolve viajar muito mais para aproveitar melhor a vida.

Os deslocamentos da curva de demanda

Os consumidores reagem quando há variações do preço do bem em questão e isso resulta em deslocamentos ao longo da mesma curva de demanda, como na figura 3. Entretanto, quando outros determinantes da demanda se alteram, as próprias curvas de demanda se deslocam para direita ou para a esquerda, na direção de maior ou de menor quantidade demandada.

Um exemplo simples ocorre quando aumenta o poder de compra das pessoas. A resposta é o acréscimo da demanda por bens ou serviços normais. Isso se representa pelo deslocamento da curva da demanda para a direita, de D1 para D2, das quantidades demandadas do ponto A para B, na figura 4. Esse aumento da demanda, de 50 para 65 unidades, ocorreu no mesmo nível de preço de R$ 15,00, sendo apenas consequência da melhoria do poder aquisitivo. Inversamente, se houver uma redução do poder aquisitivo, a curva de demanda mover-se-á para a esquerda, de D1 para D3. Ao nível de preço de R$ 15,00 a demanda diminui de 50 para 35 unidades. Veja o ponto C na figura 4.

Figura 4
Deslocamentos da curva de demanda

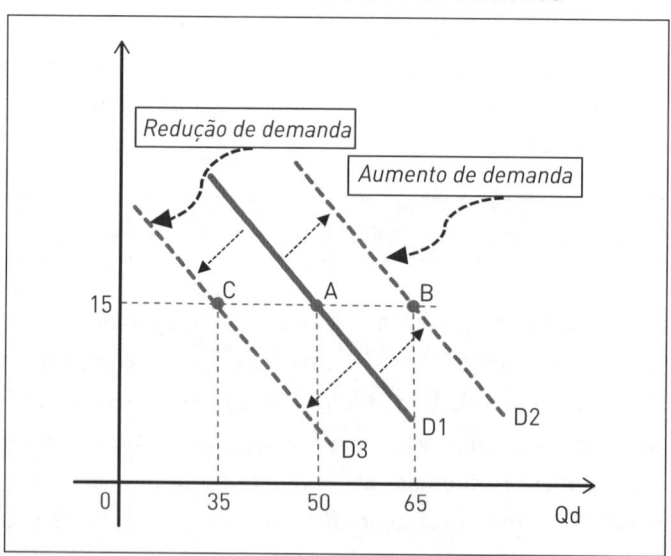

> As variações nas quantidades demandadas respondem às alterações do próprio preço do bem ou serviço, *ceteris paribus*, e resultam em movimentos ao longo da mesma curva de demanda. Os deslocamentos da curva de demanda em si decorrem de alterações nas outras variáveis, que não o próprio preço do bem.

Para complementar as considerações sobre a demanda, é preciso também analisar a oferta de bens e serviços, o que será feito a seguir.

A teoria da oferta

Tal como na demanda, há vários determinantes que influenciam as quantidades ofertadas no mercado. A quantidade ofertada (Qo) pode ser representada pela função: $Q_o = f(P, P_S, Crp, AT)$, onde:

- Q_o = quantidade ofertada;
- P = preço do bem ou serviço;
- P_S = preços dos bens ou serviços concorrentes;
- Crp = custos dos recursos produtivos ou fatores de produção;
- AT = atualização tecnológica.

Preço do bem ou serviço (P). A curva de oferta de um bem ou serviço mostra a quantidade que os produtores venderiam a cada preço. Esse preço é uma variável muito importante nas decisões de oferta. As empresas maximizam os lucros. Logo, *ceteris paribus*, quanto maior for o preço do bem, maior será a quantidade que ofereçam, para aumentar seu lucro. Em sentido inverso, quando o preço diminui, a oferta tende a cair. As variações positivas no preço aumentam as quantidades ofertadas e as variações negativas as diminuem. Tal fato é conhecido como a "lei da oferta".

> Lei da oferta: a quantidade ofertada aumenta ou diminui diretamente com o preço do bem ou serviço, *ceteris paribus*.

Na curva de oferta da figura 5 pode-se visualizar a relação direta entre as quantidades ofertadas e os preços. Se o preço for de R$ 18,00, a quantidade ofertada será de 15 unidades (ponto A). Um aumento de preço para R$ 20,00 induz um aumento da quantidade ofertada de 15 para 30 unidades (ponto C).

No sentido inverso, se o preço cai, a quantidade ofertada também cai, ocorrendo um movimento em direção ao ponto B. Deslocamentos ao longo da curva de oferta resultam das oscilações do próprio preço do bem ou serviço, *ceteris paribus*.

Figura 5
A curva de oferta

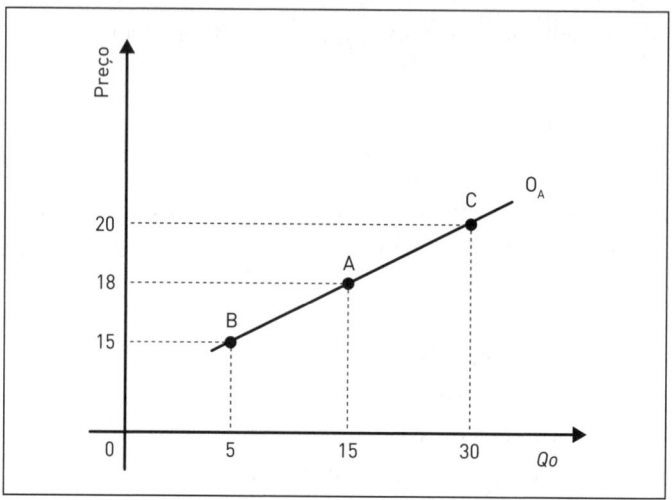

Preços de bens ou serviços concorrentes (P_S). A oferta é influenciada pelos preços dos bens e serviços concorrentes. Por exemplo, se o preço do milho aumentar, a oferta de soja tende a diminuir. Tal fato ocorre devido à migração do produtor da cultura de soja para a de milho, pois esta se tornou mais rentável. Assim, quando os preços dos bens concorrentes à produção de soja aumentam, há um deslocamento da curva de oferta de soja para a esquerda, na direção de menores quantidades. E a queda dos preços dos bens concorrentes leva ao deslocamento oposto, conforme mostra a figura 6.

Custos dos recursos produtivos (Crp). As quantidades ofertadas se relacionam diretamente aos custos dos recursos produtivos usados. Recursos produtivos ou fatores de produção são todos os elementos necessários para produzir: mão de obra, matérias-primas, insumos, tecnologia, capital físico, financeiro e possivelmente outros elementos. Esses custos influenciam a oferta. Para um mesmo nível de preço, aumentos nos custos reduzem a viabilidade do negócio, desestimulando a produção. Nesse caso, haverá uma redução nas quantidades ofertadas, deslocando, na figura 6, a curva de oferta de O_A para O_B, e a quantidade ofertada do ponto A para o ponto B, se o preço for R$ 15,00.

A TEORIA DA DEMANDA E DA OFERTA

Figura 6
Deslocamentos da curva de oferta

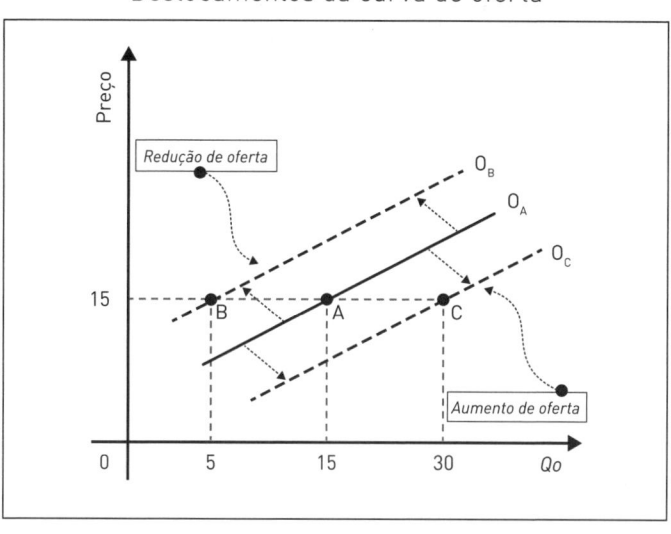

Atualização tecnológica (AT). Toda produção usa certa tecnologia específica, e as atualizações tecnológicas tornam os processos mais eficazes, elevando a produtividade dos recursos usados e reduzindo os custos. Quanto mais acentuadas forem essas atualizações, maiores serão as perspectivas de lucro, desencadeando o deslocamento para direita nas curvas de oferta, de O_A para O_C, na figura 6.

> Deslocamentos ao longo da curva de oferta resultam de alterações no próprio preço dos bens ou serviços ofertados, *ceteris paribus*. Deslocamentos da curva de oferta ocorrem devido a alterações nas outras variáveis que influenciam a produção das empresas.

As ofertas individuais e a de mercado

Cada empresa possui sua curva de oferta, e as quantidades ofertadas variam com o preço, *ceteris paribus*. Cada empresa do setor contribui para a formação da oferta total daquele produto. A oferta de mercado resulta do somatório das ofertas individuais das empresas produtoras do bem. Na figura 7, o preço sendo igual a R$ 15,00, a empresa 1 produz 20 unidades, enquanto a 2 produz 25 unidades. A oferta de mercado, nesse mesmo preço, será de 45 unidades (20 + 25). O número de empresas influencia diretamente a oferta do setor: quanto maior esse número, maior a oferta de mercado. E os preços em alta, de R$ 15,00 para R$ 20,00, por exemplo, estimulam cada empresa a ofertar mais. Em conjunto, expandem a quantidade ofertada de 45 para 65 unidades.

Figura 7
As ofertas individuais e a de mercado

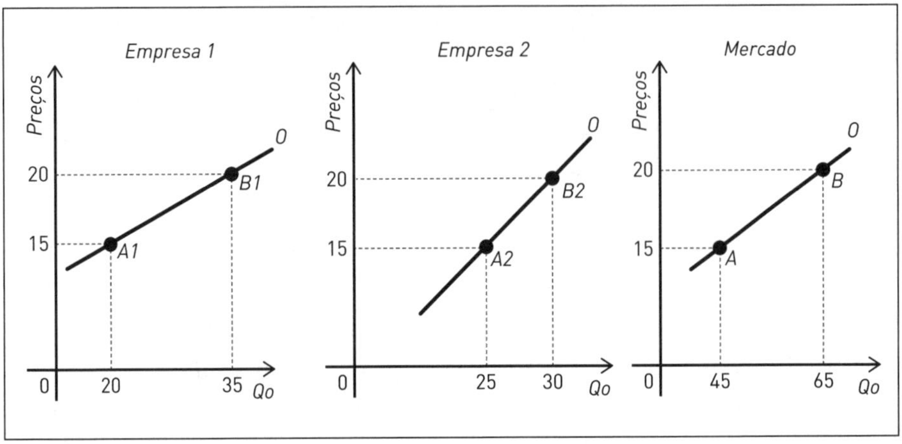

O mercado: encontro do comprador e do vendedor

A demanda e a oferta de qualquer bem ou serviço "se encontram" no mercado, onde as quantidades transacionadas e os preços serão determinados pela interação de compradores e vendedores. Na figura 8, as curvas de oferta e de demanda se cruzam e estabelecem um nível de preço e de quantidade negociada que irá equilibrar os compradores e os vendedores. É o chamado "equilíbrio de mercado". O ponto E é de equilíbrio porque a quantidade que os consumidores desejam comprar, Q_E, é igual àquela que os produtores desejam vender, Q_E, no nível de preço P_E.

A qualquer preço superior a P_E, por exemplo, P_2, a quantidade que os ofertantes desejam vender é superior àquela que os consumidores desejam comprar. Em linguagem técnica, há um excesso de oferta, $Q2_O$ é maior que $Q2_D$, ou seja, a quantidade ofertada é maior que a demandada no nível de preço P_2.

A TEORIA DA DEMANDA E DA OFERTA

Figura 8
O equilíbrio entre a oferta e a demanda

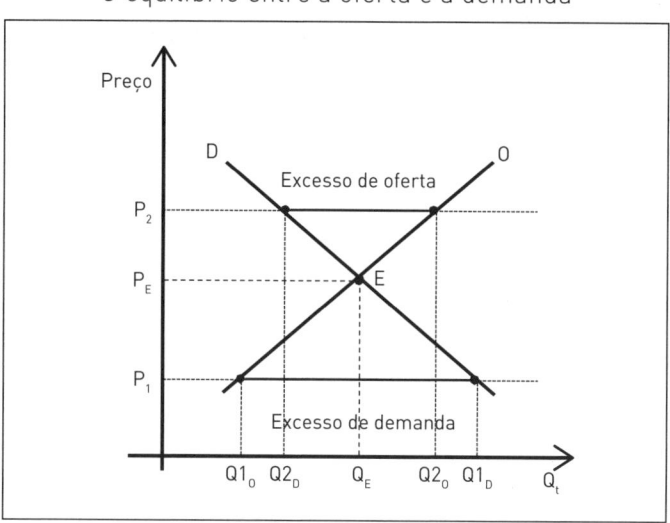

Se o preço cair de P_E para P_1, o inverso acontece, ocorrendo um excesso de demanda igual a $Q1_D - Q1_O$. Quanto menor o preço, maior será esse excesso. Em qualquer dessas situações fora do equilíbrio, ocorrerá uma incompatibilidade no atendimento simultâneo dos desejos de compradores e vendedores. Neste último caso, as pressões do excesso de demanda em relação à oferta induzem a subida do preço. No caso anterior, a quantidade ofertada é maior que a demandada, ao preço inicial P_2; as pressões serão para a queda do preço, uma vez que, com estoques altos e sem conseguir vender, os ofertantes tenderão a reduzir o preço de sua mercadoria.

O equilíbrio E representa a coincidência quantitativa dos desejos dos compradores e dos vendedores. É o equilíbrio do mercado, o encontro da oferta e da demanda, e tende a permanecer inalterado se não houver mudanças na demanda ou na oferta. Mas há variáveis que deslocam as curvas de demanda ou de oferta.

A ação dos compradores e dos vendedores

Muitos fatores podem provocar o deslocamento das curvas de oferta e de demanda, alterando o equilíbrio do mercado. Admita, por exemplo, que o mercado de certo bem normal esteja em equilíbrio, ao preço de R$ 20,00 e quantidade transacionada igual a 50, o ponto A da figura 9. Suponha que haja uma melhora de poder aquisitivo. Haverá um aumento da demanda, resultando em um deslocamento da curva para a direita, de D_A para D_C. Em consequência, o nível de preço subirá ao longo da curva de oferta em direção ao ponto C. Nesse caso, o restabelecimento do novo equilíbrio de mercado se dará com aumentos na quantidade transacionada, de 50 unidades para 55 unidades e, no preço, de R$ 20,00 para R$ 22,00.

Figura 9
A oferta e os deslocamentos da demanda

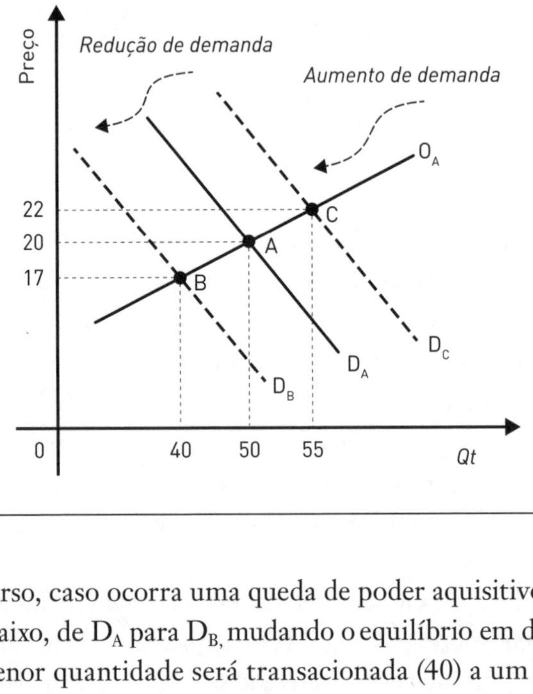

No caso inverso, caso ocorra uma queda de poder aquisitivo, a demanda se deslocará para baixo, de D_A para D_B, mudando o equilíbrio em direção ao ponto B, onde uma menor quantidade será transacionada (40) a um menor nível de preço (R$ 17,00).

> Deslocamentos para a direita (esquerda) da curva de demanda, com a curva de oferta inalterada, resultam em maiores (menores) quantidades transacionadas e preços maiores (menores), alterando o equilíbrio de mercado.

Os deslocamentos da curva de oferta, com a curva de demanda inalterada, também afetam o equilíbrio de mercado. Como isso ocorre? Suponha que os preços de certos insumos caiam. Com isso, os produtores ofertarão mais, deslocando para a direita a curva de oferta, de O_A para O_C, na figura 10, levando a um novo equilíbrio, com uma quantidade transacionada maior (de 50 para 55 unidades) e a um preço menor (de R$ 20,00 para R$ 17,00). É um deslocamento sobre a curva de demanda inalterada. Veja a figura 10.

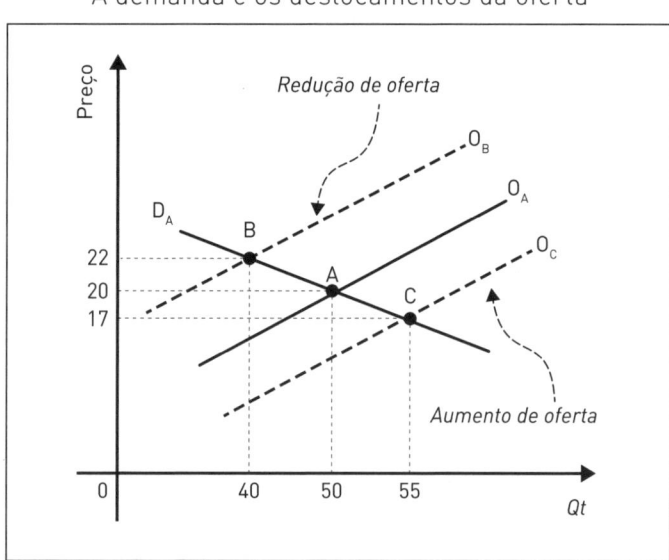

Figura 10
A demanda e os deslocamentos da oferta

> Deslocamentos para a direita (esquerda) da curva de oferta, com a curva de demanda inalterada, resultam em maiores (menores) quantidades transacionadas e preços menores (maiores), alterando o equilíbrio de mercado.

Elasticidades: as sensibilidades medidas

Os compradores sempre reagem, em termos das quantidades adquiridas, quando os preços ou outros determinantes da demanda se alteram. Avaliar quantitativamente a reação é fundamental para a tomada de decisão dos empresários ou gerentes que almejam maximizar seus lucros e participar crescentemente do mercado. Como a receita total das vendas resulta da multiplicação das quantidades adquiridas pelos preços das mercadorias ($R = Q \times P$), qualquer reação dos consumidores altera o faturamento da empresa e, quiçá, sua própria sobrevivência no mercado.

A teoria da demanda desenvolveu medidas para essas reações, chamando-as de elasticidades da demanda. São a resposta das quantidades compradas às oscilações de preços e de outras variáveis explicativas do comportamento dos compradores.

De modo similar, há também as medidas do lado da oferta. As elasticidades da oferta medem a sensibilidade das quantidades ofertadas em relação às variações de seus determinantes. A reação dos ofertantes está ligada ao processo produtivo e reflete as alterações dos fatores ligados ao ambiente interno e externo das empresas, afetando positiva ou negativamente as expectativas e a lucratividade de seus negócios.

Considere o lado da demanda, inicialmente.

Demanda: elasticidade-preço

A elasticidade-preço da demanda (Epd) é definida como a razão entre a variação percentual na quantidade demandada e a variação percentual do preço do bem ou serviço. É uma razão entre a causa e o efeito, ambos medidos em termos percentuais, em que o efeito é o numerador da razão e a causa é o denominador: $Epd = \Delta\%Qd / \Delta\%P$.

Como a curva de demanda é uma relação inversa entre a quantidade demandada e o preço, o sinal da elasticidade-preço da demanda é negativo. Como isso pode levar a erros de interpretação, o sinal pode não ser considerado. É comum apresentar a elasticidade-preço da demanda em valor absoluto, e a razão é simples de entender. Suponha que o resultado encontrado para a elasticidade-preço da demanda de um bem seja de (–3) e de outro bem de (–2). Sabe-se que, em termos algébricos, –3 é menor que –2, o que levaria a pensar que o bem de elasticidade –3 tem demanda mais inelástica que o de elasticidade –2. Não seria correto. Quanto mais próxima de zero for a elasticidade, mais inelástica será a demanda.

Embora os compradores sempre reajam às variações de preços, tais reações podem ser mais ou menos intensas, dependendo da importância e da natureza que o bem ou serviço assume no dia a dia de quem o adquire. A importância de um medicamento, sem alternativa de genérico, é muito diferente nas decisões de consumo de uma pessoa do que comprar uma roupa comum em uma loja. A elasticidade-preço da demanda responde a essas questões.

Exemplo de demanda elástica. Admita que o preço de certo produto aumente 10% (Δ%P) e a quantidade demandada caia em 22% (Δ%Qd). Qual é a elasticidade-preço da demanda por este produto? O que aconteceu com o gasto total do consumidor e a receita do vendedor com esse bem?

$$Epd = \Delta\%Qd / \Delta\%P = (22 / 100) / (10 / 100) = 0,22 / 0,10 = 2,20$$

Assim, para cada aumento de preço de 1% ocorre uma queda de 2,2% na quantidade demandada. Em outras palavras, se o preço subir, haverá uma queda percentual maior ainda na quantidade comprada. Os gastos do consumidor e a receita de vendas cairão. Para os consumidores, esse produto provavelmente não é importante ou tem substitutos próximos, pois há uma forte redução de sua demanda devido ao aumento de preço. A demanda é dita elástica. Como exemplo, considere a demanda por maçãs numa situação em que estão disponíveis bens substitutos, como as peras.

> Se a elasticidade-preço da demanda for maior que um, a demanda será elástica, e o gasto do consumidor e a receita de vendas diminuirão se o preço subir.

Exemplo de demanda inelástica. Admita que o preço de certo bem aumente 20% (Δ%P) e a quantidade demandada caia 5% (Δ%Qd). Qual é a elasticidade--preço e o que acontece com a receita de vendas e o gasto do comprador quando o preço sobe?

$$Epd = \Delta\%Qd / \Delta\%P = (5 / 100) / (20 / 100) = 0,05 / 0,20 = 0,25$$

Um aumento de preço de 1% leva à redução de apenas 0,25% na quantidade consumida. O aumento de preço resulta em um aumento da receita de vendas e do gasto do consumidor. Provavelmente o consumidor tem poucas opções de substituir esse bem; continua comprando quase a mesma quantidade, apesar da subida do preço. A demanda é inelástica. Como exemplo, considere a demanda por um remédio único, especial.

> Se a elasticidade-preço for menor que um, a demanda será inelástica, e o gasto do consumidor e a receita de vendas aumentarão se o preço aumentar.

Exemplo de demanda unitária. Admita que o preço de certo bem aumente 10% (Δ%P) e a quantidade demandada caia 10% (Δ%Qd). Nesse caso, a elasticidade-preço é unitária e o gasto do consumidor e a receita do vendedor com o bem serão constantes, pois

$$Epd = \Delta\%Qd / \Delta\%P = (10 / 100) / (10 / 100) = 0{,}10 / 0{,}10 = 1$$

Para cada aumento de preço de 1% ocorrerá uma redução de 1% na quantidade comprada. A decisão de aumentar os preços não irá modificar o gasto do consumidor nem a receita de vendas. O consumidor reduzirá as quantidades na mesma proporção da subida dos preços. A demanda por esse bem apresenta elasticidade unitária.

> Se a elasticidade-preço for igual a um, a demanda será de elasticidade unitária, e o gasto do consumidor e a receita de vendas não se alterarão se o preço variar.

Figura 11
Elasticidade-preço da demanda

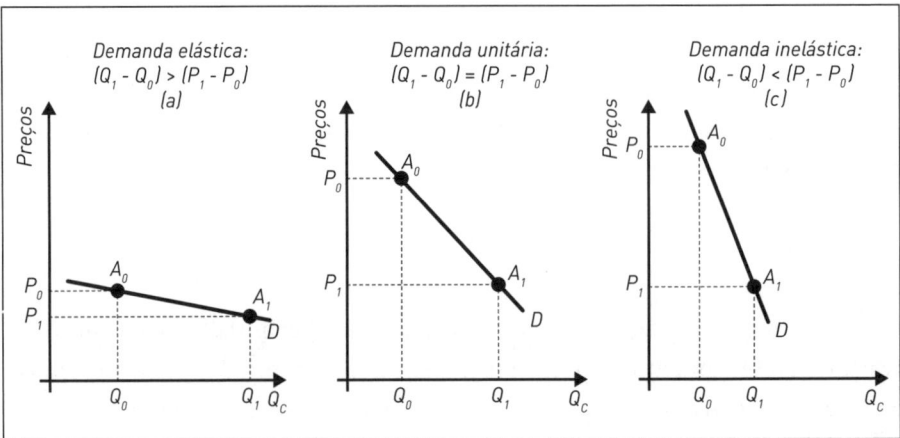

A figura 11 ilustra o conceito de elasticidade-preço da demanda. Em geral, fixando-se um ponto no gráfico da demanda, quanto mais horizontal for a curva de demanda nesse ponto, maior é a elasticidade-preço da demanda; ou seja, as variações das quantidades serão proporcionalmente maiores que as dos preços, conforme o gráfico (a). Quando o bem tem demanda inelástica, a curva é mais vertical, pois as variações das quantidades demandadas são menos intensas que as variações dos preços, conforme o gráfico (c). Se a elasticidade é unitária, as variações percentuais nas quantidades compradas são iguais às dos preços, como se pode ver no gráfico (b).

Demanda: a elasticidade-renda

O consumo das pessoas depende também de seu nível de renda real. Sempre que a renda real individual ou familiar aumentar, haverá no mercado uma expansão da demanda por bens e serviços normais. A elasticidade-renda da demanda (*Erd*) mede a sensibilidade das quantidades compradas às alterações da renda real. É a relação entre a variação percentual da quantidade demandada e a variação percentual de renda real: *Erd* = $\Delta\%Qd / \Delta\%R$.

Nesse caso, o sinal da elasticidade-renda da demanda é levado em consideração devido à importância de distinguir os bens populares, de primeira necessidade, dos bens de luxo. Quando a renda real aumenta, a partir de certo nível, o consumo dos bens de primeira necessidade apresenta menor reação em comparação ao dos bens supérfluos, tais como itens de lazer, roupas e calçados de grifes. A explicação para tal fato é que os bens de primeira necessidade são adquiridos tão logo seja possível, e os desejos dos consumidores em relação a eles já estavam razoavelmente atendidos quando sua renda aumentou. Como exemplo, podemos citar os itens de alimentação, que são comprados mesmo se a renda for baixa. O consumo dos supérfluos, ou não essenciais, é normalmente postergado. É natural que o aumento da renda motive as pessoas a adquirir os bens não acessíveis inicialmente, mas que, mesmo assim, despertam desejos, causam satisfações.

Quando a elasticidade-renda da demanda for positiva, os bens e serviços em questão serão normais. Os bens de demanda menos elástica, com valor entre zero e um, costumam ser os essenciais, de primeira necessidade. E de demanda mais elástica, com elasticidade-renda maior que um, costumam ser os bens de luxo. Quando a elasticidade-renda da demanda for negativa, os bens ou serviços são inferiores para o consumidor, ou seja, com o aumento da renda ele reduz o consumo desses bens.

Exemplo de bens ou serviços essenciais. Suponha que a renda real de uma família aumente 10% ($\Delta\%R$) e a quantidade adquirida de certo bem aumente 2% ($\Delta\%Qd$).

$$Erd = \Delta\%Qd / \Delta\%R = (2 / 100) / (10 / 100) = 0{,}02 / 0{,}10 = +0{,}2$$

Para cada aumento de renda real de 1% há um aumento de apenas 0,2% na quantidade demandada. Os compradores estão aparentemente satisfeitos com o nível de consumo do bem em questão, o que ocorre no caso de bens e serviços de primeira necessidade. Quando a renda aumenta, as pessoas não costumam comprar mais sal ou pão, mas fazem mais viagens turísticas.

Exemplo de bens ou serviços supérfluos ou de luxo. Suponha que a renda real de uma família aumente 10% ($\Delta\%R$) e a quantidade adquirida de certo bem aumente 18% ($\Delta\%Qd$).

$$Erd = \Delta\%Qd / \Delta\%R = (18 / 100) / (10 / 100) = 0{,}18 / 0{,}10 = 1{,}80$$

Para cada aumento de renda de 1% ocorre um aumento de 1,80% na quantidade demandada. Logo, ao melhorar de renda, o indivíduo tende a aumentar bastante o consumo desse bem. Para ele esse é, provavelmente, um bem de luxo. É bom sempre considerar que um bem essencial para uma pessoa, com certos hábitos de consumo, pode ser supérfluo para outra pessoa com hábitos diferentes. Um carro simples pode ser um bem essencial para uma pessoa de classe média, e pode ser considerado um bem de luxo, objeto de desejo, para um indivíduo de baixa renda.

Exemplo de bens ou serviços inferiores. Suponha que a renda real familiar aumente 15% ($\Delta\%R$) e a quantidade adquirida do bem (como carne de segunda) caia 5% ($\Delta\%Qd$).

$$Erd = \Delta\%Qd / \Delta\%R = (-5 / 100) / (15 / 100) = -0{,}05 / 0{,}15 = -0{,}33$$

Um aumento de renda de 1% leva a uma queda de 0,33% na quantidade demandada.

> Quando a elasticidade-renda é negativa, o bem é inferior para aquele consumidor; se a elasticidade está entre zero e um, provavelmente é um bem que ele considera essencial; e se é maior que um, o consumidor o considera um bem de luxo.

Oferta: a elasticidade-preço

As quantidades ofertadas variam quando o preço do bem ou serviço se altera. A intensidade dessa reação depende do tempo de resposta da produção da empresa. Na maioria das cadeias produtivas, a oferta tende a ser mais elástica no longo prazo, ou seja, mais sensível a preço no longo prazo. No curto prazo, podem ocorrer dificuldades no fornecimento de matérias-primas e, sobretudo, de equipamentos; ou ainda dificuldades em contratar mão de obra especializada, dependendo da especificidade do processo produtivo. Na verdade, a curva de demanda também é mais elástica no longo prazo do que no curto prazo, pois muitas vezes o consumidor demora a se adaptar às novas circunstâncias de preço.

Exemplificando com a oferta de dois produtos distintos: mesmo em um intervalo curto de tempo, é possível obter aumentos significativos da oferta de tomate, pois sua produção é relativamente rápida e não há barreiras ou limites a novos entrantes no mercado. A oferta é elástica à subida de preços. Mas a fabricação de uma máquina especial exige a alocação de recursos de capital elevados, de mão de obra e de fornecedores especializados. Há também dificuldades para novos produtores entrarem no mercado. Assim, a oferta é pouco sensível ao estímulo de preço, é inelástica, sobretudo no curto prazo.

Exemplo de oferta elástica. Suponha que o preço de uma mercadoria aumente 15% ($\Delta\%P$) e a quantidade ofertada aumente 20% ($\Delta\%Qo$).

$$Epo = \Delta\%Qo\ /\ \Delta\%P = (20\ /\ 100)\ /\ (15/\ 100) = 0,20\ /\ 0,15 = 1,33$$

Para cada aumento de preço de 1%, ocorrerá uma elevação da quantidade ofertada de 1,33%. Isso mostra que a estrutura produtiva dessa mercadoria tem poucas restrições e é capaz de responder prontamente ao estímulo de preços.

Exemplo de oferta inelástica. Suponha agora que o preço de outro bem aumente igualmente 15% ($\Delta\%P$) e a quantidade ofertada aumente apenas 5% ($\Delta\%Qo$).

$$Epo = \Delta\%Qo\ /\ \Delta\%P = (5\ /\ 100)\ /\ (15/\ 100) = 0,05\ /\ 0,15 = 0,33$$

Para cada aumento de preço de 1%, ocorrerá uma elevação da quantidade ofertada de 0,33%. A estrutura produtiva responde com dificuldade ao estímulo de preço.

> Se a elasticidade-preço da oferta for maior que um, estaremos tratando de uma oferta elástica; se for menor que um, a oferta será inelástica.

Figura 12
Elasticidade-preço da oferta

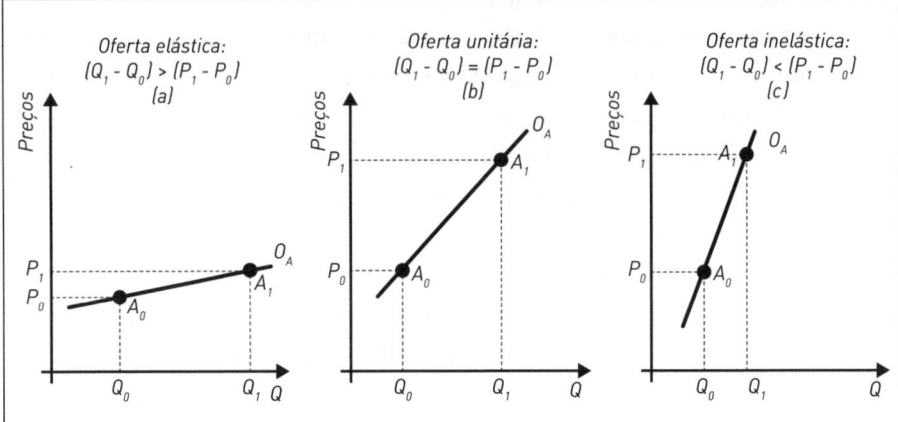

A figura 12 apresenta três curvas com inclinações distintas, representando curvas de oferta elástica, unitária e inelástica. A oferta representada pela curva OA no gráfico (a) é a mais horizontal, ou seja, elástica em relação a preços, quando comparada às ofertas nos gráficos (b) e (c). A reação da quantidade ofertada em (a) à variação do preço tende a ser maior que em (b) e (c).

Este capítulo tratou da teoria da demanda e da oferta. A análise do comportamento e dos determinantes da demanda e da oferta e a interação das duas no mercado foram discutidas. As ações e reações de quem deseja vender e de quem deseja comprar, medidas pelas variações das quantidades demandadas e ofertadas decorrentes das variações de preços, de renda, e de outros determinantes, foram analisadas.

O próximo capítulo irá tratar de aspectos ligados ao custo das empresas e às estruturas de mercado, a saber: concorrência perfeita, monopólio e oligopólio.

Para ajudá-lo, leitor, nas reflexões sobre o primeiro capítulo, apresentamos, a seguir, alguns exercícios.

Exercícios

1) Defina excedente do consumidor.

2) Assinale a única opção correta. A curva de demanda descreve o comportamento do consumidor e depende:
   a) do gosto, da renda do consumidor e dos preços.
   b) dos preços dos insumos usados na produção.
   c) da quantidade que o produtor vende.
   d) das condições tecnológicas de produção.

3) Assinale a única opção correta. Se o preço do pão aumentar e a renda do consumidor também aumentar, de modo que possa adquirir a mesma cesta de bens que consumia anteriormente, pode-se afirmar que:
   a) o consumidor não melhorou de situação em termos do poder de compra de sua renda.
   b) o consumidor não sofreu uma queda de poder de compra real.
   c) nada se pode afirmar sem conhecer as preferências do consumidor.
   d) a demanda por pão é inelástica.

4) Assinale a única opção correta. A demanda de mercado:
   a) é mais elástica em relação a preço que qualquer das demandas individuais.
   b) é a soma das demandas individuais.
   c) tem uma elasticidade preço igual à soma das elasticidades das demandas individuais.
   d) é menos elástica em relação à renda do que qualquer demanda individual.

5) Assinale a única opção correta. O enunciado da lei da demanda é:
   a) a quantidade demandada de um bem varia inversamente com seu preço, *ceteris paribus*.
   b) a quantidade demandada de um bem aumenta quanto maior for o preço desse bem.
   c) as condições de demanda determinam o preço.
   d) a utilidade total de todos os bens é decrescente.

6) Assinale a única opção correta. A elasticidade-preço de demanda de um bem (em valor absoluto) é tanto maior quanto:
   a) maior a renda do indivíduo.
   b) menor a renda do indivíduo.
   c) menor a participação do bem nos gastos do indivíduo.
   d) maior a quantidade de substitutos próximos para esse bem.

7) Admita que o preço de um bem aumente em 12% e as quantidades adquiridas caiam 3%. A demanda é elástica ou inelástica? O que acontecerá com o gasto total do consumidor com o bem, se o preço subir?

8) Cite três fatores que influenciam a oferta dos bens.

9) Distinga os bens inferiores dos bens normais.

10) Se houver uma quebra na safra de laranjas devido a geadas, o que acontecerá no mercado de tangerina, cuja produção não foi atingida pelas geadas, em termos do preço e da quantidade de equilíbrio de mercado?

O desenvolvimento dos assuntos abordados neste capítulo 1 deve muito ao trabalho do professor Alfred Marshall, em particular no seu livro *Os princípios da economia* (1890).

Breve nota biográfica: *Alfred Marshall (1842-1924)*

Economista inglês, professor da Universidade de Cambridge, escreveu, entre outros livros, *Os princípios da economia* (1890). Elaborou e sistematizou a teoria de formação de preços como sendo o ponto de interseção entre as curvas de demanda e de oferta pelo bem em questão. Introduziu os conceitos de elasticidades da demanda e da oferta e formulou análises dinâmicas de questões econômicas, separando os efeitos e considerações de curto prazo, de médio prazo e de longo prazo. É considerado um dos pais da microeconomia moderna.

Para enriquecer

O preço do petróleo: um caso marshalliano

Para facilitar seu entendimento e exemplificar o uso do instrumental proposto por Marshall, explicado neste capítulo 1, considere o que aconteceu no mercado (mundial) de combustíveis líquidos nos últimos 50 anos. A Organização dos Países Exportadores de Petróleo (Opep) restringiu muito a produção a partir de 1973. A menor oferta provocou uma forte subida de preços, no curto e no médio prazos, levando o Brasil a uma séria crise de balanço de pagamento, devido à grande importação brasileira de petróleo na década de 1970. Mas no longo prazo, motivado pelos altos preços e pela crise, o país passou a produzir muito mais petróleo (além de outros combustíveis líquidos). E hoje em dia é praticamente autossuficiente. Muitos países importadores fizeram o mesmo, e o preço mundial do petróleo parou de aumentar e sofreu uma queda substancial nos últimos 10 anos.

Eis aí um exemplo clássico e importante no mundo moderno da interação entre a oferta e a demanda, em curto, médio e longo prazos. Todos esses são conceitos marshallianos.

2

Os mercados competitivos e não competitivos

No capítulo anterior, foram analisadas a demanda e a oferta de determinado bem ou serviço e como elas interagem no mercado. Tal análise é importante e muito usada em economia, mas pressupõe o mercado ser competitivo, ou seja, tanto os demandantes quanto os ofertantes têm pouco ou nenhum poder de influenciar o preço do bem no mercado, pela variação da quantidade que compram ou produzem. Na verdade, tomam o preço de mercado como dado. Isso porque os participantes, muito numerosos, compram pouco ou produzem pouco em relação às quantidades negociadas no mercado como um todo; supõe-se também que o custo de promover conluios, fusões e aquisições seja elevado. Mas há situações em que tais condições não prevalecem.

Na verdade, o funcionamento dos diversos mercados em uma economia difere pelo grau de concorrência vigente em cada um deles. Esse grau vai desde o que é chamado de mercado em concorrência perfeita, no qual muitos participantes transacionam, tanto no lado da demanda quanto no da oferta, até o monopólio, no qual há apenas um produtor, ou o monopsônio, no qual há um único comprador. Há também estruturas intermediárias, como as de oligopólio, em que poucas empresas produtoras atuam no mercado.

Neste capítulo, serão discutidas a formação do preço e as principais características das estruturas de mercado, assim como a atuação do governo na promoção da competitividade e da eficiência na economia, destacando de início os diversos conceitos de custos de uma empresa, necessários para desenvolver o assunto.

Os custos de uma empresa

Há diferentes tipos de custos quando uma empresa produz. Considere uma empresa fabricante de calças *jeans* e vamos analisar seus diversos custos:

- *Custos fixos*: independem da quantidade produzida. Ex.: se o empresário resolver dobrar a produção ou, temporariamente, suspender a produção, o mesmo aluguel mensal, em qualquer caso, tem de ser pago.
- *Custos variáveis*: dependem da quantidade produzida. Ex.: o custo do tecido para a produção de calças.
- *Custo total* = custos fixos + custos variáveis.
- *Custo total médio* = $\dfrac{\text{Custo total}}{\text{Quantidade produzida}} = \dfrac{\text{Custos fixos}}{\text{Quantidade produzida}} + \dfrac{\text{Custos variáveis}}{\text{Quantidade produzida}}$
- *Custo total médio* = custo fixo médio + custo variável médio.
- *Custo marginal*: é a variação no custo total se a produção de calças aumentar uma unidade.

Como se comportam o custo total médio e o custo marginal quando a empresa aumenta sua produção?

A fábrica de *jeans* do exemplo provavelmente tem uma estrutura fixa, como seu espaço e maquinários, e contrata costureiras para produzir. Assim, o custo fixo médio cai na medida em que a empresa produz mais. Isso acontece porque o custo do espaço e do maquinário por unidade produzida vai sendo diluído com o aumento da produção. O custo variável médio pode cair quando a produção aumenta se o nível inicial de produção for baixo. Nesse caso, quando a empresa contrata mais costureiras, a estrutura vai sendo usada mais eficientemente. A divisão e a especialização de tarefas aumentam a produtividade. Mas, após certo nível de ocupação da estrutura fixa, cada costureira adicional aumentará a produção da fábrica em quantidades cada vez menores, e o custo variável médio aumentará com a produção.

Em consequência, como o custo total médio é a soma dos custos fixo médio e variável médio, o gráfico da curva do custo total médio *versus* produção tem o formato de U: decresce quando a produção aumenta, até certo nível de produção, e aumenta a partir desse nível.

Para entender como o custo marginal varia com o aumento de produção, imagine que a fábrica esteja produzindo inicialmente 100 calças, com um custo total de R$ 2.000. O custo total médio é 2.000 / 100 = R$ 20,00 por calça.

Se o custo marginal para produzir uma calça a mais for de R$ 10,00, ou seja, abaixo do custo total médio, o custo total médio de 101 calças será 2.010 / 101 = R$ 19,90 por calça.

Se o custo marginal for de R$ 20,00, ou seja, igual ao custo total médio, o custo total médio para produzir 101 calças será 2.020 / 101 = R$ 20,00 por calça.

Finalmente, se o custo marginal for de R$ 30,00, ou seja, acima do custo total médio, o custo total médio de 101 calças será 2.030 / 101 = R$ 20,10 por calça.

De fato, se o custo marginal for inferior ao custo total médio, ele "puxará" o custo total médio para baixo se a produção aumentar; e se o custo marginal for superior ao custo total médio, ele "puxará" o custo médio para cima quando a produção aumentar.

> A curva de custo marginal cruza a curva de custo total médio no ponto mínimo desta.

Enfim, a curva de custo marginal se situa abaixo da curva de custo total médio se esta for decrescente e acima se for crescente, como se pode ver na figura 13.

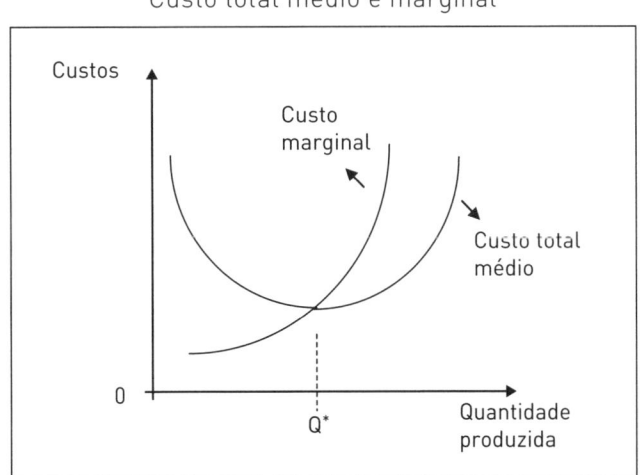

Figura 13
Custo total médio e marginal

Q* = quantidade na qual o custo total médio é mínimo.

A maximização do lucro

Admita que cada produtor, independentemente da estrutura de mercado em que atue, vise maximizar seu lucro.

O lucro de uma empresa é dado pelas equações:

- Lucro = receita total − custo total
- Lucro = preço × quantidade − (custos fixos + custos variáveis)

Qual a quantidade que maximiza o lucro do produtor?

Suponha que uma empresa esteja produzindo mil unidades de certo bem. Será que valeria a pena aumentar a produção? Se a receita a mais obtida vendendo essa unidade incremental (receita marginal) superasse o custo de produzi-la (custo marginal), valeria a pena aumentar a produção, pois o lucro aumentaria (ou o prejuízo diminuiria). Mas se produzisse uma unidade a mais e a receita marginal fosse inferior ao custo marginal, haveria uma perda.

> A quantidade que maximiza o lucro do produtor é aquela na qual a receita marginal é igual ao custo marginal.

A competição perfeita

Num mercado em competição perfeita as forças de demanda e de oferta descritas no capítulo anterior determinam, conjuntamente, o preço de equilíbrio de mercado e o quanto é produzido. Para que haja competição perfeita, algumas condições devem prevalecer:

1) O número de demandantes e ofertantes deve ser grande o suficiente para que a quantidade ofertada ou demandada individualmente pelos participantes do mercado seja pequena em comparação ao negociado no mercado como um todo. Nessas condições, cada participante transaciona o produto ao preço no qual o mercado está operando, sendo incapaz de influenciá-lo alterando sua produção, por esta ser muito pequena em relação ao tamanho total do mercado. Assim, cada ofertante e cada demandante toma o preço como dado, são *price takers*. Isso significa que o produtor não influencia o

preço quando altera sua produção e o comprador também não o influencia se alterar a quantidade que compra.
2) O bem transacionado deve ser razoavelmente padronizado, não havendo diferenças relevantes de marca, ou origem, as quais possam gerar preferências entre os compradores.
3) Os participantes do mercado devem ser todos igualmente bem informados, para que as diferenças (assimetrias) informacionais não reduzam a competição.
4) Não deve haver barreiras à entrada e à saída dos participantes no mercado.

Na verdade, as condições para que haja um ambiente perfeitamente competitivo são bastante estritas e relativamente incomuns. Como exemplo, podemos citar os mercados de produtos agrícolas, como seja, milho e arroz. Mas mesmo nestes mercados, é possível que haja assimetria de informação, com as grandes empresas beneficiadoras dos produtos bem melhor informadas do que os pequenos produtores e consumidores.

A empresa em competição perfeita vende uma peça adicionalmente produzida até que a variação do custo total, devido a essa unidade produzida a mais (ou seja, o custo marginal) seja igual ao preço de mercado. Na verdade, para essa empresa, esse preço é a receita marginal (ou seja, o aumento da receita total se vender uma unidade a mais).

> O produtor, em competição perfeita, maximiza seu lucro produzindo uma quantidade tal que:
>
> Receita marginal = preço = custo marginal

Sabe-se também que:

- Lucro = receita total – custo total
- Lucro = preço × quantidade – custo total => Lucro = quantidade (preço – custo total médio)

Assim a área hachurada na figura 14 representa o lucro máximo da empresa em competição perfeita, a qual vende pelo preço P.

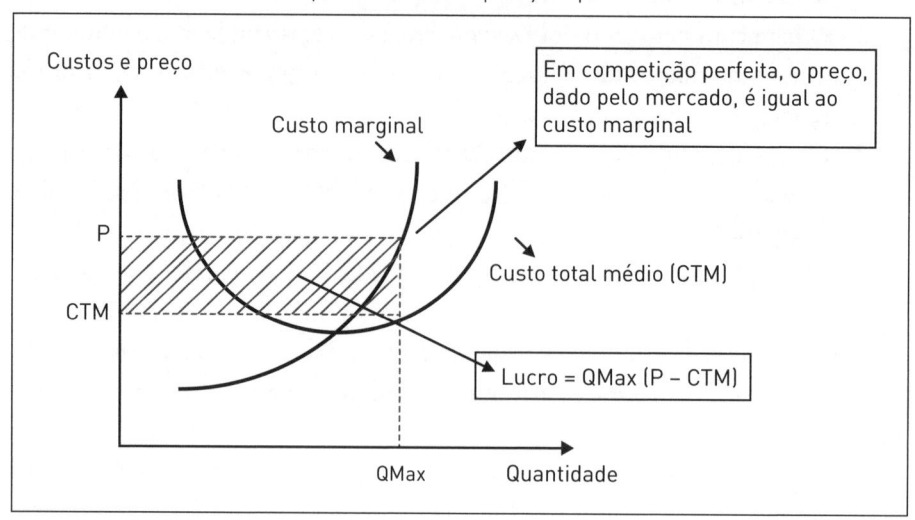

Figura 14
A empresa em competição perfeita

(Gráfico: eixo vertical "Custos e preço", eixo horizontal "Quantidade". Curva de Custo marginal cruza a curva de Custo total médio (CTM). No ponto QMax no eixo horizontal, com preço P acima de CTM. Área hachurada representa Lucro = QMax (P − CTM). Anotação: "Em competição perfeita, o preço, dado pelo mercado, é igual ao custo marginal".)

QMax = quantidade que maximiza o lucro da empresa num mercado competitivo.
P = preço vigente no mercado.

Lucro econômico *versus* lucro contábil

Um aspecto importante, e válido qualquer que seja o tipo de mercado no qual a empresa atua, diz respeito à existência de dois tipos de custos. Há os chamados custos explícitos, os quais implicam pagamentos e desembolsos de recursos, como a compra de matérias-primas, e há também os chamados custos implícitos, como a rentabilidade que seria obtida caso o capital da empresa fosse aplicado de outra forma, por exemplo, em títulos públicos. O conceito contábil de lucro, em geral, não leva em consideração os custos implícitos, mas apenas os custos que geram efetivos desembolsos. Já o conceito de lucro econômico inclui todos os custos, explícitos e implícitos.

Como exemplo, um empresário poderia ter aplicado, alternativamente, o capital investido em sua firma em títulos públicos, obtendo uma rentabilidade de 10% ao ano. Esse é o custo de oportunidade de seu capital, ou seja, o que obteria se aplicasse seus recursos na melhor alternativa possível. Então:

- se a empresa tiver uma rentabilidade sobre o capital aplicado de 7% ao ano, ela tem lucro contábil, mas prejuízo econômico;

- se a rentabilidade for de 13% ao ano, há lucro contábil e também econômico;
- se a rentabilidade for de 10% ao ano, há lucro contábil positivo, mas lucro econômico nulo.

O cálculo adequado para a empresa maximizadora de lucro é o lucro econômico. Isto é, nos custos totais devem estar incluídos os custos explícitos e implícitos, permitindo decisões maximizadoras de lucro sem equívocos.

Num mercado em competição perfeita, há livre entrada e saída de empresas. Se as empresas atuando no setor obtiverem lucros substanciais, atrairão novos entrantes, aumentando a oferta e fazendo o preço de equilíbrio cair até zerar o lucro. Os gráficos da figura 15 mostram o que acontece.

Figura 15
Tendência a lucro zero nos mercados competitivos
(com entrada livre de competidores)

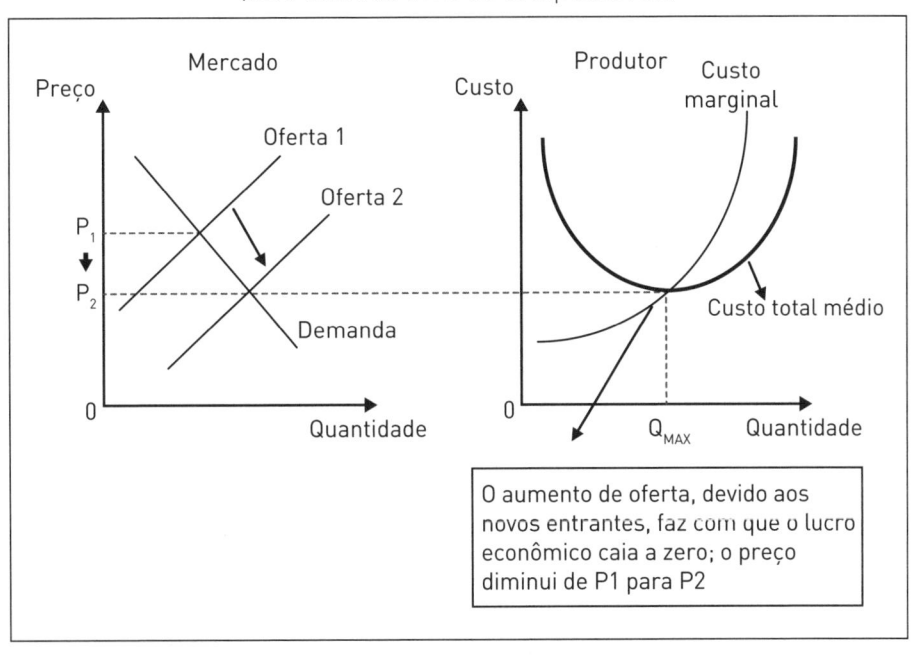

O aumento de oferta, devido aos novos entrantes, faz com que o lucro econômico caia a zero; o preço diminui de P1 para P2

Adam Smith, o autor do livro *A riqueza das nações*, no século XVIII, usou a imagem da mão invisível do mercado que faria com que os indivíduos, perseguindo seus interesses próprios, promovessem o bem-estar social. Os recursos escassos da sociedade seriam utilizados do modo mais eficiente possível se os mercados funcionassem em competição perfeita. Nesse caso, o valor de cada unidade produzida do bem, seu preço, seria igual a seu custo de produção, ou seja, seu custo marginal. Contudo, a realidade pode se afastar desse modelo de competição. Quando isso acontece, essas situações são denominadas "falhas de mercado" e justificam a atuação do governo em busca do aumento da eficiência na alocação dos recursos e na promoção do bem-estar social.

O monopólio

Uma possibilidade de falha de mercado ocorre, leitor, quando há somente um produtor de determinado bem. O monopolista, como qualquer outro produtor, tem como objetivo maximizar seu lucro. Apesar do seu poder de mercado, o monopolista não pode vender o produto ao preço que quiser. A curva de demanda vigente no mercado mostra, a cada preço, a quantidade que os consumidores comprariam. Se a curva de demanda de determinado produto indicar que, ao preço de R$ 100,00, a quantidade demandada é de 10 mil unidades, mesmo sendo monopolista o produtor não pode decidir vender as 10 mil unidades ao preço de R$ 150,00 cada uma. Contudo, o monopolista tem mais liberdade que o produtor em competição perfeita, porque pode escolher, na curva de demanda, a combinação de preço e quantidade que maximize seu lucro. O produtor em concorrência perfeita só escolhe a quantidade, não determina o preço, que é dado pelo mercado como consequência da interação da demanda e da oferta como um todo.

A quantidade que maximiza o lucro do monopolista é aquela na qual a receita marginal iguala o custo marginal. Mas a receita marginal do monopolista não é igual ao preço. Imagine que um produtor seja o único fornecedor de maçãs de uma região. Suponha que ele esteja vendendo 100 quilos de maçãs por semana a R$ 5,00 por quilo. O que acontecerá se ele aumentar sua produção para 110 quilos por semana? Para vender uma quantidade maior, terá de diminuir o preço ao qual vende toda a sua produção, devido à restrição da demanda. Suponha que, nesse caso, o preço caia para R$ 4,80 por quilo. A receita marginal que obteria com o aumento de produção seria de 110 × 4,8 –100 × 5 = R$ 28,00. Logo, ele teria uma receita marginal por quilo de maçã de 28 / 10 = R$ 2,80, a qual é menor do que o preço de R$ 4,80. Ele só aumentaria a produção para 110 quilos por semana caso a receita marginal, de cada unidade a mais (R$ 2,80), fosse superior ao seu custo marginal.

> O monopolista maximiza seu lucro aumentando sua produção até que a receita marginal equalize o custo marginal. Nessa produção maximizadora, a receita marginal é menor do que o preço.

Isso faz com que o monopolista obtenha um lucro econômico maior do que no caso competitivo. A figura 16 ilustra este lucro, na área hachurada.

Figura 16
A escolha de quantidade e preço pelo monopolista

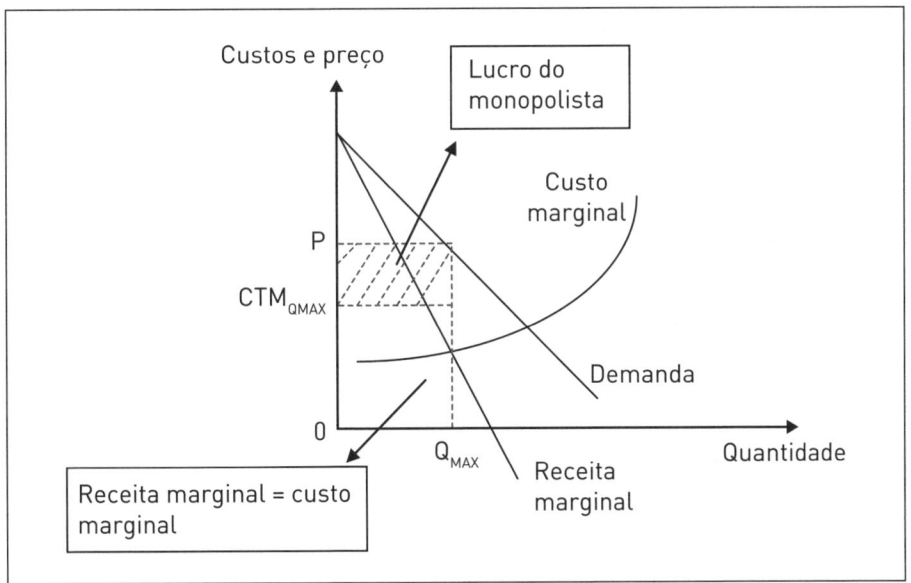

Custos e preço

Lucro do monopolista

Custo marginal

P

CTM_{QMAX}

Demanda

0

Q_{MAX}

Receita marginal

Quantidade

Receita marginal = custo marginal

A combinação preço-quantidade que maximiza o lucro do monopolista é tal que a quantidade produzida é menor do que aquela que seria produzida em competição perfeita, isto é, a que equalizaria o preço ao custo marginal. O preço cobrado pelo monopolista é maior do que o custo marginal. Num ambiente de competição, a produção se expandiria até que o preço igualasse o custo marginal. Mas o monopolista diminui a quantidade produzida para maximizar seu lucro e cobra um preço maior que o custo marginal. Diz-se que o monopolista faz o preço do seu produto. Ele é o determinador do preço, ou seja, o *price maker*.

A figura 17 compara a combinação preço-quantidade que prevaleceria se o mercado atuasse em concorrência perfeita e a que prevaleceria num ambiente de monopólio.

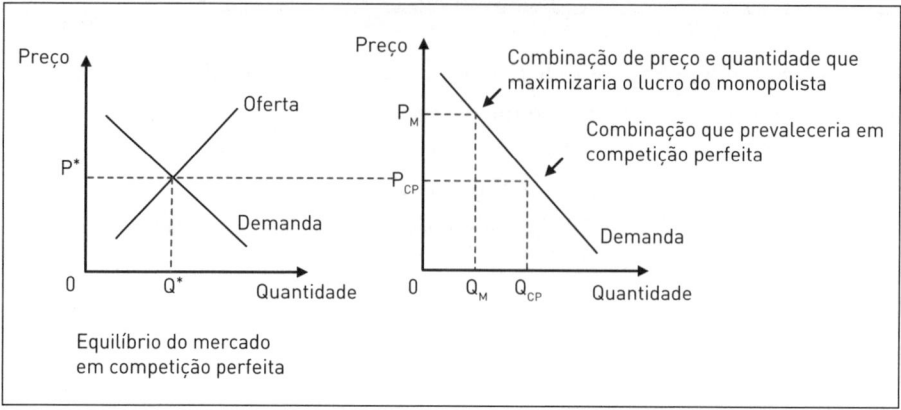

Figura 17
O preço em competição perfeita e no monopólio

O monopolista, diferentemente do produtor, que opera num ambiente de competição perfeita, obtém um lucro adicional ao restringir a produção, aumentando o preço. Se houvesse livre entrada, como em competição perfeita, esse lucro extra atrairia novos entrantes, aumentando a oferta e baixando o preço do bem até que o lucro se anulasse.

> Para que o monopólio se mantenha, é preciso que exista alguma barreira à entrada de novos participantes.

Os principais tipos de barreiras à entrada a novos produtores, propiciando a manutenção dos monopólios, são:

- O monopólio é instituído por lei, como acontecia com o petróleo e diversos serviços de utilidade pública no Brasil até alguns anos atrás. É o chamado monopólio legal.
- A concessão de uma patente. A patente dá ao inventor de uma inovação tecnológica (um novo remédio, por exemplo), o direito exclusivo de produção ou de venda da licença de produção, por determinado tempo.

Os inventores necessitam de incentivo para continuar inovando e, se o governo não conceder e defender as patentes, isso não acontecerá. Daí ser esse, talvez, o caso de um monopólio "benigno", válido por algum tempo.

- A propriedade exclusiva de um insumo essencial para a produção daquele bem, o que impossibilita a entrada de outra empresa, como exemplo, os campos petrolíferos no caso da produção de petróleo.
- O monopólio pode ser também o resultado do tamanho do mercado e dos altos custos fixos de um setor. Imagine uma cidade pequena na qual se instale um hipermercado. Esse estabelecimento, por operar em escala ampla e ter custos mais baixos, pode levar à falência as pequenas mercearias tradicionais da cidade. Na verdade, só há espaço para uma empresa de porte naquela cidade. Essa estrutura de mercado é conhecida como monopólio natural. Um típico caso de monopólio natural seriam os serviços de distribuição de água ou de energia elétrica numa cidade. Se mais de uma empresa atuasse em algum desses setores, os custos altos decorrentes da escala menor de produção fariam com que, para que as empresas atuassem sem prejuízo, o preço para o consumidor fosse mais caro do que se houvesse uma única empresa. Assim, o monopólio natural precisa ser regulado, mas não seria adequado que novas empresas entrassem para competir nesse tipo de mercado.
- Algumas empresas podem executar estratégias para barrar novos entrantes e manter seu poder de mercado. Uma estratégia possível seria uma política de preços predatória. A empresa já instalada poderia, por algum tempo, trabalhar com prejuízo, mantendo preços baixos, na intenção de desencorajar novos entrantes. Essa prática é considerada ilegal, sendo motivo de diversas ações em tribunais. Alguns casos são controversos, pois a empresa alega, e às vezes prova, que os preços baixos não são predatórios, mas consequência das inovações tecnológicas ou da sua grande escala de produção. Outra estratégia seria a empresa manter certo grau de capacidade ociosa, sinalizando aos potenciais entrantes sua habilidade de aumentar a produção e derrubar os preços. Esta situação poderia desencorajar os possíveis concorrentes entrantes.

A regulação governamental deve ter o objetivo de fazer com que o mercado no qual não haja competição, ou no qual esta seja restrita, funcione o mais próximo possível da situação competitiva, com igualdade do preço ao custo marginal.

O regulador deve também preservar a rentabilidade do capital investido pelo concessionário e zelar pela qualidade do serviço prestado. Alguns modelos de regulação utilizados dão garantia de retorno mínimo para o investimento da empresa. O problema que pode ocorrer nesses casos é a garantia de retorno induzir a investimentos maiores do que o necessário por parte da concessionária, de modo a contabilizar um capital maior e, portanto, aumentar o que tem a receber.

Outro modelo, utilizado, por exemplo, nas privatizações das estradas brasileiras, é aquele no qual o governo define a tarifa máxima a ser paga pelos usuários às empresas. Os participantes do leilão oferecem descontos sobre essa tarifa. Quem oferecer o maior desconto ganha a concessão.

As agências reguladoras precisam zelar para que os contratos sejam cumpridos adequadamente. As concessionárias têm obrigações com o nível de qualidade dos serviços prestados ao público e com os prazos para realizar os investimentos definidos nos contratos de concessão. Uma crítica comum feita à regulação é de que os reguladores, indicados pelo Poder Executivo, podem se distanciar do interesse da população, sendo cooptados pelas próprias empresas que deveriam regular. Essa dificuldade é conhecida como o "problema da captura".

Como os investimentos em setores de infraestrutura são elevados, um país que necessite atrair capital privado para sua infraestrutura deve ter um ambiente regulatório previsível e confiável. O setor privado, para investir em mercados fortemente regulados, precisa ter confiança de que os contratos firmados serão cumpridos. Enfim, o risco regulatório e o respeito aos contratos são pontos sensíveis nas decisões de investimento do setor privado. Incertezas nessas áreas afugentam potenciais investidores.

Os oligopólios

Entre os dois extremos de concorrência perfeita e do monopólio, encontram-se os mercados que operam com poucas empresas, isto é, ao menos duas, mas não muitas. São os oligopólios. A característica mais comum dessa estrutura de mercado, assim como no monopólio, é a existência de barreiras à entrada. Em geral, para haver oligopólio é necessário que não seja fácil uma empresa nova entrar no mercado e concorrer com as já estabelecidas. Quando os diversos produtos das empresas que operam em oligopólio são bastante semelhantes, embora não padronizados, diz-se que o oligopólio é homogêneo. Nesse caso, os preços não podem ser muito diferentes, sob pena de a empresa mais careira perder seus clientes. Quando há pouca semelhança entre os produtos das empresas, o oligopólio é chamado de diferenciado.

Na estrutura de mercado de oligopólio, as decisões de uma empresa afetam o resultado das demais. Se uma empresa A de transporte aéreo lançar promoções nos preços de suas passagens, ela estará conquistando passageiros da empresa B. As empresas reagem às estratégias das concorrentes. A empresa B possivelmente lançará promoções semelhantes para não perder sua fatia de mercado. Essa concorrência entre os participantes do oligopólio é benéfica para o consumidor porque baixa os preços e/ou melhora o produto ou o serviço. Contudo as empresas que formam o oligopólio podem agir em conluio, formando um cartel. Quando isso acontece, elas normalmente tomam a decisão de ofertar uma quantidade em bloco, como se fossem uma única empresa monopolista, combinando a cota que cada uma irá produzir. Tal situação é prejudicial ao consumidor, pois aumenta o preço (ou piora o serviço), sendo a formação de cartel ilegal no Brasil e em diversos países.

Um exemplo clássico de cartel é o formado pela Organização dos Países Produtores de Petróleo (Opep), em que os participantes costumam ajustar sua produção de petróleo para que se atinja determinado nível de preço no mercado mundial.

Agir em cooperação pode ser benéfico para as empresas que atuam em oligopólio, mas a própria cooperação em si não acontece facilmente. É o que concluiremos mais adiante, analisando situações de oligopólio com o instrumental da teoria dos jogos. Por enquanto, vamos descrever uma situação de mercado que tende à concorrência, pois há muitos ofertantes e demandantes e os diversos produtos das empresas são similares (mas não iguais). Mas cada produto atrai clientes específicos, ou seja, há certo grau de fidelidade por parte dos compradores.

A concorrência monopolística

Nessa estrutura de mercado, o número de ofertantes e demandantes é elevado. Do lado da oferta, cada empresa individualmente detém identidade própria, desenvolvendo sua marca, grife ou patente, muitas vezes de grande valor de mercado. Cada empresa possui autonomia para fixar o preço de seu bem ou serviço.

Contudo seu grau de liberdade tende a ser diminuído devido à concorrência de outras marcas de produtos similares aos seus e, portanto, substitutos. Ou seja, os produtos ou serviços de cada empresa são diferenciados, porém são substitutos próximos dos de outras empresas, segundo a avaliação dos demandantes. Exemplo: produtos eletroeletrônicos, redes de *fast-food*, restaurantes de chefes renomados, provedores de acesso à internet, produtos de beleza, academias de ginástica etc.

Essa estrutura de mercado detém características dos monopólios, cujo produto é único, e também características de empresas operando em situação de concorrência perfeita. A empresa que opera em condições de concorrência monopolística diferencia seu produto ou serviço e cria seu próprio segmento (nicho), com o intuito de tornar a demanda por seu produto ou serviço a mais inelástica possível em relação ao preço, fidelizando o comprador. Nessa estrutura de mercado, em geral não há barreiras legais ou tecnológicas à entrada. Entretanto, há elevados custos para a empresa se tornar conhecida e consolidar a marca de seu produto ou serviço, requerendo estratégias de *marketing* dispendiosas.

Os consumidores, embora encontrem facilmente bons substitutos no mercado, são frequentemente surpreendidos por lançamentos de novos produtos ou serviços utilizando distintas formas de publicidades e tendo, muitas vezes, a presença de celebridades, pessoas famosas afirmando serem usuárias habituais. A fidelização à marca decorre de atributos como a qualidade, o *status* social do comprador (o que é importante nos segmentos de luxo, direcionados às classes de renda mais alta) e assim por diante.

Em síntese, são as seguintes as principais características das empresas que operam em condições de concorrência monopolística:

- o número de empresas atuando no mercado é elevado, isto é, há muitos concorrentes;
- o produto de cada empresa é diferenciado, porém há produtos substitutos de outras empresas, na percepção dos consumidores;
- as empresas têm liberdade de fixar os preços de seus bens ou serviços, contudo, como a rivalidade é alta, tal liberdade torna-se limitada;
- não há barreiras legais ou tecnológicas ao ingresso e à saída de empresas no/do mercado, mas a consolidação da marca ou da patente tende a ser custosa e demorada em termos de retornos financeiros.

Nos mercados em concorrência monopolística, a demanda pelo produto de uma marca apresenta certa inelasticidade em relação a preços, devido à fidelidade dos compradores da marca. Mas, mesmo que a empresa pratique um preço maximizador de lucros, levando em consideração a inelasticidade de demanda, seu lucro tende a ser zero no longo prazo devido ao grande número de empresas concorrentes de bens substitutos próximos. É uma combinação interessante em que há formação de preço monopolística (preço maior que o custo marginal) e lucro muito pequeno ou nulo (preço = custo médio), devido à existência de grande número de concorrentes. A figura 18 ilustra a situação.

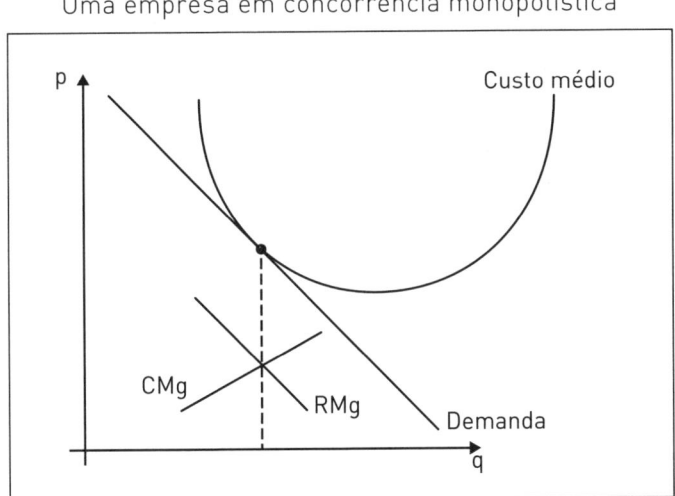

Figura 18
Uma empresa em concorrência monopolística

A teoria dos jogos

A teoria dos jogos se dedica a estudar situações nas quais a ação de cada agente envolvido afeta os ganhos ou perdas obtidos por ele e por todos os demais. Ela não se limita à análise da interação entre empresas; estuda, entre outras situações, a interação das equipes dentro de uma mesma empresa, dos negociadores de um contrato, entre o conselho de administração e a diretoria executiva em uma sociedade anônima, entre países discutindo diminuições de barreiras alfandegárias, ou limitações no desenvolvimento de armas nucleares, ou acordos de redução de emissões de gases para atenuar o efeito estufa, e assim por diante.

Esta teoria se desenvolveu muito com o trabalho do matemático John Nash, nascido em 1928, ganhador do prêmio Nobel de Economia em 1994, cuja vida foi tema do premiado filme *Uma mente brilhante*.

Para entender e analisar os oligopólios usando a teoria dos jogos, considere inicialmente uma situação imaginária clássica, conhecida como "dilema dos prisioneiros".

Suponha que duas pessoas foram presas e acusadas de ter cometido um crime juntas. Cada uma é colocada em uma cela própria, separada da outra, e precisa decidir se confessa ou não o crime sem saber se o outro prisioneiro confessou ou vai confessar. As penas aplicadas são as seguintes:

- caso ambos os suspeitos confessem o crime, serão condenados a uma pena de três anos de prisão cada um;
- caso um confesse e o outro não, aquele que confessar será libertado imediatamente como prêmio e incentivo às confissões – o suspeito que não confessar será punido com cinco anos de detenção;
- caso nenhum dos dois confesse, eles permanecerão apenas um ano na prisão, durante as investigações, pois, sem confissões, as provas para condená-los a uma pena maior são insuficientes.

A tabela 2 resume o dilema dos prisioneiros. Os números entre parênteses nas células da tabela representam as penas aplicadas em cada caso. O número da esquerda é a pena do prisioneiro A e o da direita é a do prisioneiro B. Os números são negativos, indicando que cada ano na prisão é um custo, ou seja, uma perda.

Tabela 2
Dilema dos prisioneiros

		Prisioneiro B	
		Confessa	Não confessa
Prisioneiro A	Confessa	(–3; –3)	(0; –5)
	Não confessa	(–5; 0)	(–1; –1)

A tabela 2 mostra que, se os dois prisioneiros agissem coordenadamente, o resultado seria melhor para os dois. Ambos deveriam não confessar e receber a menor pena de um ano de prisão cada um. A pena total dos dois seria de dois anos, menor que em qualquer outra célula. Contudo cada um deles não podia ter a certeza do que o outro iria fazer, mesmo que tivessem combinado mutuamente não confessar, antes de entrar nas suas celas separadas. Individualmente, o pior resultado para cada prisioneiro seria ser o único que não confessou, pois ficaria cinco anos na prisão. Logo, se cada prisioneiro não tem certeza do que o outro vai fazer, ele pode preferir confessar, pois esse jogo possui o que se denomina uma *estratégia dominante* para cada jogador.

> Uma estratégia dominante de um jogador é aquela que é sempre a melhor para ele, quaisquer que sejam as estratégias escolhidas pelos demais jogadores. A estratégia dominante para um jogador pode existir ou não.

Imagine o prisioneiro A, sozinho na sua cela, decidindo se confessa ou não. Ele sabe que o resultado final depende do que ele decidir *combinado com* o que prisioneiro B decidir. Suponha que ele raciocine do seguinte modo: "Não sei com certeza o que B fará. Mas, se ele confessar, o melhor para mim será confessar também, pois fico três anos preso, em vez dos cinco anos se eu não confessar. E se ele não confessar? O melhor para mim também será confessar, pois serei libertado imediatamente, em vez de ficar preso um ano, o que ocorreria se eu não confessasse".

Logo, em todos os casos possíveis de comportamento de B, seria melhor para A confessar. Esta é a *estratégia dominante* de A. Como a tabela é simétrica, o mesmo raciocínio, com resultados similares, pode ser feito para o prisioneiro B. Confessar é, portanto, uma *estratégia dominante* para A e para B individualmente, e é o que pode acabar acontecendo, ficando, cada um três anos preso. Se os dois não confessassem ficariam apenas um ano na cadeia. A cooperação seria melhor para ambos os prisioneiros, mas, como não pode ser garantida, ambos acabam confessando.

Para utilizar o dilema de prisioneiros na análise dos oligopólios, imagine um mercado no qual existam apenas duas empresas: A e B, produzindo um bem padronizado. Elas devem decidir as quantidades que irão produzir. Suponha que essas empresas escolham apenas entre dois níveis de produção: 1 e 2, ou seja, cada uma tem duas estratégias possíveis. Os resultados para as firmas, em termos de lucros, estão resumidos na tabela 3.

Tabela 3
Lucro das empresas em R$ milhões

		Empresa B	
		Nível 1	Nível 2
Empresa A	Nível 1	(9; 9)	(14; 6)
	Nível 2	(6; 14)	(12; 12)

O nível 1 de produção é o nível mais elevado. Se ambas produzissem no nível 1 obteriam R$ 9 milhões de lucro cada uma, pois a maior produção resultaria em maior oferta e o preço de venda do produto cairia. Elas poderiam formar um cartel e combinar que cada uma produza a nível 2, menor, restringindo a oferta e cobrando mais caro. As duas empresas obteriam então o lucro de R$ 12 milhões cada uma, se formassem um cartel (comportando-se como um monopólio, uma única empresa). Mas, como são duas empresas, é preciso que combinem produzir a nível mais baixo e, além disso, é necessário que ambas cumpram o combinado. Se não houver maneira de verificar e obrigar que cumpram o combinado, como no "dilema dos prisioneiros", as empresas são tentadas a desrespeitar o acordo. A empresa A, por exemplo, raciocinaria que, se B respeitasse o acordo, produzindo no nível menor 2, seria melhor para ela (A) produzir a nível 1, pois obteria um lucro de R$ 14 milhões ao invés de R$ 12 milhões. Se a empresa B desrespeitasse o combinado, produzindo a nível 1, de maior oferta, também seria melhor para A que produzisse a nível 1, pois o lucro de R$ 9 milhões é maior do que o de R$ 6 milhões.

O mesmo raciocínio valeria para a empresa B, por simetria. Em consequência, a estratégia "produzir a nível 1", não cumprindo o combinado, é uma *estratégia dominante* para ambas as empresas.

O pior dos mundos para um participante de cartel ocorreria se fosse o único a fazer o combinado. Note que, se A não cumprir o combinado e B cumprir, A obterá o melhor resultado, R$ 14 milhões e B lucrará somente R$ 6 milhões. Assim, a tendência desse jogo é que ambas as empresas quebrem o acordo feito e produzam no maior nível, obtendo o resultado de R$ 9 milhões para cada. Ou seja, os acordos de cartel são frágeis, o que não é bom para as empresas, mas o é certamente para o consumidor.

Apesar dessa dificuldade de cooperação das empresas que operam na estrutura de oligopólio, em diversos setores da economia se formam cartéis bem-sucedidos, possivelmente porque conseguem verificar e policiar o cumprimento dos acordos feitos ou porque esses acordos são de longo prazo. Um dos motivos para a cooperação prevalecer é que um oligopolista geralmente permanece no mercado muitos anos. Isso significa que o jogo vai se repetir várias vezes e cada empresa sabe que pode esperar retaliação das outras, sofrendo prejuízos se não cumprir o combinado. Logo, a melhor estratégia passa a ser a de cooperação. Em alguns casos, pode existir uma organização zelando pelo cartel e que aplique uma punição às empresas que não cumprirem o acordo.

Assim como os monopólios, os oligopólios introduzem ineficiência na economia e prejudicam os consumidores, pois cobram preços superiores ao custo marginal de produção. Além do possível conluio de oligopolistas, práticas restritivas, como acordos de exclusividade, vendas casadas e criação injustificada de dificuldades de licenciamento, inibem a concorrência, criando ineficiências na economia. As fusões e as aquisições, que ganharam impulso nas últimas décadas, com a formação de grandes grupos econômicos, tendem a distanciar a economia de uma estrutura de concorrência perfeita, com muitas empresas independentes. Além das agências reguladoras setoriais, outros órgãos públicos têm a tarefa de zelar pela defesa da concorrência no Brasil, inibindo a concentração de poder de mercado e as práticas restritivas de produção.

A defesa da concorrência no Brasil

No Brasil, leitor, funciona o Sistema Brasileiro de Defesa da Concorrência (SBDC), responsável desde 1994 pela promoção da competição nos mercados, prevenindo e reprimindo as ações que a limitem. Fazem parte do SBDC:

- Secretaria de Direito Econômico (SDE): órgão do Ministério da Justiça, responsável por instruir a análise concorrencial dos atos de concentração econômica, como fusões e aquisições, e investigar as infrações à ordem econômica;
- Secretaria de Acompanhamento Econômico (Seae): órgão do Ministério da Fazenda responsável por analisar casos de concentração econômica e as respectivas condutas, para informar a SDE;
- Conselho Administrativo de Defesa Econômica (Cade): autarquia vinculada ao Ministério da Justiça, responsável pelas decisões, na esfera administrativa, dos processos iniciados pela SDE.

Uma das atribuições do Cade é analisar, e aprovar ou não, as fusões e as aquisições de empresas, verificando se causam concentração excessiva de poder de mercado. Como exemplo, um caso interessante foi o da compra da marca Kolynos pela empresa que já detinha a marca Colgate no país. Essa aquisição deixava nas mãos de uma empresa uma fatia do mercado de creme dental superior a 75%, e a força das marcas poderia inibir a entrada de novos participantes no mercado. O resultado do julgamento no Cade obrigou a nova empresa a não utilizar a marca Kolynos por quatro anos. Esse julgamento é considerado um marco da introdução, no Brasil, da promoção de eficiência econômica nesse tipo de processo. Vale mencionar que o cartel é considerado prática criminosa, prevista no Código Penal brasileiro, sujeita a pena de dois a cinco anos de reclusão e multa.

Blocos econômicos: como definir o mercado

Quando se avalia o grau de concorrência empresarial num certo setor da economia, é preciso considerar também os produtores estrangeiros. Uma empresa pode ser a única produtora de determinado bem no país, mas há a concorrência de produtos importados. No Brasil, por exemplo, houve uma redução das tarifas alfandegárias para a importação de carros em 1991. O setor ficou mais competitivo do que era antes, uma vez que aumentou a entrada de carros estrangeiros. O comércio internacional tem se tornado cada vez mais relevante, alterando o grau de concorrência em muitos mercados. Blocos econômicos como a União Europeia, o Nafta e o Mercosul, assim como as negociações multilaterais no âmbito da Organização Mundial do Comércio (OMC), vêm removendo paulatinamente barreiras ao comércio entre as nações, aumentando a concorrência em diversos mercados e promovendo a eficiência na alocação dos recursos das economias. Tal assunto será mais detalhado adiante, no capítulo 6, quando consideramos os aspectos econômicos do comércio internacional.

Como você deve ter observado, leitor, este capítulo complementa o anterior, que versa sobre a teoria da demanda e da oferta e a formação de preços em mercados competitivos. Foram abordados, neste capítulo 2, os diversos conceitos de custo, a maximização de lucros das empresas e várias estruturas de mercado nas quais atuam.

Nestes capítulos 1 e 2, vários conceitos importantes da microeconomia foram abordados e explicados. Os capítulos subsequentes tratarão de conceitos da macroeconomia, para permitir que o leitor interprete o meio ambiente econômico mais amplo no qual sua organização está operando.

Os exercícios a seguir poderão ajudá-lo na fixação dos conceitos apresentados no capítulo 2.

Exercícios

1) Defina os diversos custos de uma empresa:
   a) custos fixos;
   b) custos variáveis;
   c) custo total médio;
   d) custo marginal.

2) Por que a curva de custo total médio tem o formato da letra "U", no gráfico de custo *versus* produção? Qual é a relação da curva de custo marginal de uma empresa com a de custo total médio?

3) Explique por que uma empresa maximizadora de lucro produz a quantidade na qual a receita marginal iguala o custo marginal.

4) Maria é dona de um negócio instalado numa loja no centro da cidade. Seu contador informa que no último ano ela obteve, em média, R$ 10 mil de lucro mensal. Contudo o contador não incluiu nos custos da empresa o custo de aluguel, pois Maria é proprietária do imóvel. As avaliações dos corretores afirmam que sua loja poderia ser alugada no mercado por R$ 18 mil mensais. Maria está realmente obtendo lucro econômico com seu negócio? Fundamente sua resposta explicando os conceitos de lucro contábil e lucro econômico.

5) Quais são as características de um mercado competitivo? Por que dizemos que uma empresa que opera em concorrência perfeita é uma tomadora de preço, ou *price taker*?

6) Se a indústria de parafusos for competitiva e cada parafuso for vendido por 10 centavos, qual será o custo marginal de um parafuso?

7) Para que um monopólio se estabeleça, em geral é necessário que haja algum tipo de barreira à entrada de novos ofertantes.
   a) Exemplifique algumas possíveis barreiras.
   b) Dê um exemplo de monopólio criado pelo governo.
   c) A criação de monopólios é necessariamente uma má política pública?

8) O preço do petróleo é uma variável que afeta a economia mundial. Contrariando o acordo do cartel, da Opep, um importante país produtor decide unilateralmente aumentar a produção (talvez ocultamente). Ele espera que os demais continuem mantendo sua produção, obedecendo às regras do cartel. Explique qual é o impacto dessa decisão sobre os preços mundiais do petróleo. Essa situação ilustra a grande dificuldade de um acordo de cartel ser respeitado. Qual é essa dificuldade?

9) Na figura 18, uma curva de demanda tangencia uma curva de custo médio. Por que, no ponto de tangência, o lucro da empresa é zero?

10) O que significa dizer que determinada empresa tem uma estratégia dominante em um oligopólio?

A teoria dos jogos é uma das áreas mais modernas de estudo da economia, das ciências sociais e biológicas em geral. Seu desenvolvimento deve muito ao trabalho do professor John Nash.

Breve nota biográfica: *John Nash (1928-2014)*

Matemático americano e professor de Princeton e do Massachusetts Institute of Technology (MIT) entre 1951 e 1959, quando adoeceu (esquizofrenia). No início dos anos 1990, melhorou de sua doença e voltou à vida acadêmica em 1990, tendo ganhado o prêmio Nobel da Economia em 1994 (em conjunto com outros pesquisadores) pelo seu trabalho em teoria dos jogos. Ampliou e generalizou trabalhos anteriores de teoria dos jogos ao conceber o chamado equilíbrio de Nash, ideia que se aplica a muitas áreas do conhecimento humano, sobretudo quando há interações (jogos) entre agentes decisórios.

Para enriquecer

A teoria dos jogos e os leilões

Para melhorar seu entendimento, saiba que a delação premiada, aspecto fundamental da chamada "Operação Lava Jato", a qual marcou a história do Brasil nos últimos anos, é um exemplo notável do uso da teoria dos jogos, em particular, do famoso modelo do dilema do prisioneiro.

Menos conhecida, mas muito importante, e enriquecedora de seu conhecimento sobre o trabalho de Nash, é a moderna teoria econômica dos leilões. Um leilão de uma empresa estatal, por exemplo, pode ser estudado como se fosse um jogo entre os diversos participantes: o vendedor (o governo) e os possíveis compradores. O governo tem interesse em estabelecer regras para o jogo (leilão), de modo a maximizar a receita que vai obter, extraindo dos compradores a quantia mais próxima do que estariam, de fato, dispostos a pagar. No Brasil, e em vários países do mundo (em particular, na Inglaterra, onde a teoria dos leilões como jogos começou a ser aplicada nos anos 1980), tais regras têm sido em geral bem-sucedidas. As receitas, obtidas nos leilões de concessões de serviços públicos (telefonia, estradas, portos etc.), de direitos de exploração mineral (petróleo, minérios), de privatizações de empresas estatais, e assim por diante, têm aumentado consistentemente e ajudado o governo brasileiro a equilibrar seu orçamento. Na verdade, no ano de 2017 tais receitas foram fundamentais para reduzir o déficit orçamentário do setor público.

3
A mensuração da atividade econômica: produção e preços

Este capítulo trata de dois temas muito citados no noticiário econômico: o PIB e os índices de inflação. Juntos, esses indicadores formam a base para qualquer análise macroeconômica, mensurando, respectivamente, a atividade econômica real e a evolução dos preços.

Como o próprio nome diz, o PIB, ou produto interno bruto, é um indicador da produção de bens e serviços que ocorre dentro das fronteiras de determinada região, seja um país ou conjunto de países, estado ou município, em termos brutos, isto é, sem descontar a produção necessária para meramente compensar os efeitos do desgaste e da depreciação dos equipamentos já existentes.

Por sua vez, os diversos indicadores de inflação medem a mudança dos preços, mas não as alterações relativas, pelas quais alguns preços sobem e outros caem, e sim a alta generalizada de preços. Como será visto, alguns índices são bastante amplos e visam estimar a elevação dos preços de todos os bens e serviços. Esses são os chamados índices gerais de preço. Outros concentram-se nos preços praticados no varejo. São os chamados índices de preços ao consumidor. E há ainda os índices por atacado, os setoriais e assim por diante.

Ao final deste capítulo, acreditamos que você, leitor, possa compreender esses indicadores, os mecanismos econômicos que afetam a atividade produtiva e suas relações com a evolução dos preços.

Alguns obstáculos a superar na estimativa do PIB

No primeiro capítulo, foi apresentada a análise microeconômica, baseada na interação entre a oferta e a demanda, que determina o preço e a quantidade de equilíbrio. A microeconomia aborda mercados específicos, isto é, de determinado bem ou serviço em certo período. Quando se passa para o campo da macroeconomia, fala-se ainda de oferta e demanda, mas é preciso cuidado na adaptação das ferramentas de análise. Isso porque a macroeconomia trata dos chamados agregados econômicos, isto é, dos indicadores que se referem, via de regra, à atividade econômica total em grandes áreas geográficas: estados, regiões, países ou mesmo continentes inteiros.

Por exemplo: se o interesse é mapear o desempenho econômico de um país em determinado ano, deve-se analisar a demanda e a oferta de bens e serviços como um todo. Considera-se, então, a demanda agregada e a oferta agregada, ou seja, o somatório de todas as demandas e de todas as ofertas dos bens e serviços. O mesmo deve ser feito com as variáveis relacionadas aos preços. A evolução dos preços em geral é estimada pelos indicadores de inflação. Já a evolução dos volumes de bens e serviços produzidos é estimada pelas variações do PIB real, isto é, pelo crescimento do PIB descontado o efeito da alta de preços. Abordagem semelhante pode ser empregada para as áreas geográficas maiores do que um país, como a União Europeia, por exemplo, ou menores, como estados e municípios.

A tabela 4 mostra a lista dos maiores PIBs do mundo, em trilhões de dólares norte-americanos de 2016, e respectivos PIBs *per capita* também em dólares norte-americanos de 2016. Quando se ouvem expressões do tipo "as maiores economias do mundo", o indicador de referência costuma ser o PIB em dólares norte-americanos, ou simplesmente dólares, como diremos daqui em diante. A tabela expressa todos os PIBs em dólar, o que foi feito usando taxas de câmbio entre o dólar e cada moeda nacional com base na manutenção da paridade do poder de compra (ou seja, não se usaram taxas de câmbio de mercado, as quais flutuam devido a muitos fatores; foram usadas taxas de câmbio que refletem o poder de compra das moedas de cada país após o uso de técnicas estatísticas adequadas para medir o poder de compra).

Tabela 4
Produto interno bruto total e *per capita* dos 25 maiores países – 2016
(pela paridade do poder de compra, em US$ trilhões)

	País	PIB	PIB per capita (US$ de 2016)
1	China	21.417	15.535
2	Estados Unidos	18.569	57.467
3	Índia	8.703	6.572
4	Japão	5.266	41.470
5	Alemanha	4.028	48.730
6	Rússia	3.397	23.163
7	Brasil	3.141	15.128
8	Indonésia	3.032	11.612
9	Reino Unido	2.797	42.609
10	França	2.774	41.470
11	Itália	2.313	38.161
12	México	2.278	17.862
13	Turquia	1.928	24.244
14	Coreia	1.832	35.751
15	Arábia Saudita	1.757	54.431
16	Espanha	1.686	36.310
17	Canadá	1.598	44.025
18	Irã	1.353	17.046
19	Tailândia	1.165	16.916
20	Austrália	1.129	46.790
21	Nigéria	1.091	5.867
22	Egito	1.065	11.132
23	Polônia	1.055	27.811
24	Paquistão	1.014	5.249
25	Argentina	874	19.934

Alguns valores emblemáticos do PIB e do PIB *per capita* – 2016
(pela paridade do poder de compra, em US$ trilhões)

	PIB*	PIB per capita (em US$)
Mundo	120.138	16.143
União Europeia	20.270	39.630
		PIB per capita
Maior do mundo (Catar)		127.523
América do Norte		56.110
América Latina + Caribe		15.418
Maior da América Latina (Chile)		23.960
Portugal		30.624
Mundo Árabe		16.716
Israel		37.901
Burundi		778

Fonte: Banco Mundial. Disponível em: <data.worldbank.org>. Acesso em: 1º set. 2017.

Um fato interessante que se observa na tabela 4 é a posição do Brasil, como a sétima economia do mundo e com um PIB *per capita* similar ao chinês, sendo a China a maior economia do mundo. O PIB brasileiro é cerca de 2,6% do PIB mundial. No Brasil, a produção se dá primordialmente nas regiões Sul e Sudeste, cujos PIBs somam 80% do PIB do país.

Existem alguns obstáculos importantes a superar na mensuração do PIB. O primeiro deles é como agregar quantidades de bens e serviços diferentes. Em mercados específicos, como os analisados pela microeconomia, isso não é problema, pois as unidades nas quais se medem a demanda e a oferta são unidades físicas. Mas quando é preciso agregar os diferentes bens da economia, mensurando o que ocorreu com os volumes produzidos, qual a unidade dessa medida? Não é possível somar as toneladas de soja produzidas com o número de veículos fabricados no país.

A forma de resolver essa dificuldade é somar os valores monetários do que é produzido nos diferentes setores da economia para, em seguida, descontar a influência dos preços por meio de um índice de preços. Ao realizar essa soma, usa-se o valor de cada bem e serviço produzido em unidades monetárias. Em seguida, desconta-se da soma a influência da inflação para avaliar o que ocorreu com os volumes produzidos. Esse método se chama deflacionamento. Assim, por exemplo, imagine que o valor monetário da produção de pães em uma padaria tenha crescido 8% em um ano. Isso não significa que o volume físico, isto é, a produção real, tenha crescido 8%, pois o preço pode ter se elevado. Mas, se o preço dos pães subir 2% no mesmo período, pode-se concluir que a produção física se elevou cerca de 6% (o percentual exato seria 5,88%).

A soma de valores monetários com o posterior deflacionamento é a base do cálculo do PIB real. Portanto, quando se noticia que houve crescimento real de 6% no PIB em determinado período, sabe-se que esse valor corresponde à expansão da produção de bens e serviços já livre de influências inflacionárias, isto é, correspondente ao aumento do PIB real. A figura 19 mostra a evolução do PIB real brasileiro nos anos recentes, tomando como referência o poder de compra do real (R$) no ano de 2016.

Um segundo problema na mensuração da atividade econômica se refere à possibilidade de dupla contagem no cálculo do PIB. Por isso, ao contrário do que muitos imaginam, o valor do PIB não corresponde à simples soma do valor da produção de todos os setores de uma economia. Em uma soma tão ampla, diversos valores estariam sendo considerados duas ou mais vezes. Por exemplo, no caso da cadeia de produção de pães, já mencionada, seriam somados os valores do trigo, da farinha de trigo, dos próprios pãezinhos e, eventualmente, dos sanduíches de alguma lanchonete que utilizasse pães em seu processo produtivo.

A MENSURAÇÃO DA ATIVIDADE ECONÔMICA

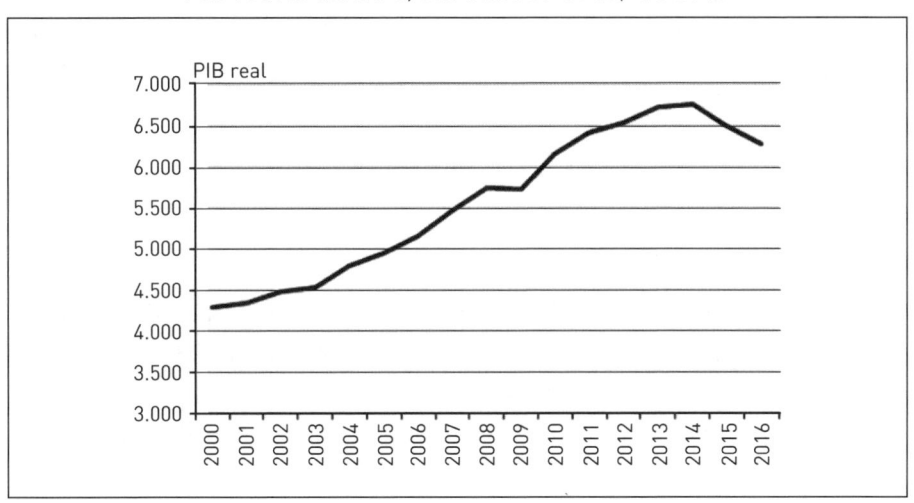

Figura 19
PIB real brasileiro, em bilhões de R$ de 2016

Fonte: Banco Mundial. Disponível em: <data.worldbank.org>. Acesso em: 1º set. 2017.

Para que não ocorram duplicidades ou omissões, o cálculo do PIB obedece à seguinte definição:

> O valor monetário do PIB de uma região corresponde ao somatório dos valores dos bens e serviços finais produzidos dentro da área geográfica da região, em dado período.

A definição é simples, exceto pela dúvida do que sejam bens e serviços finais. São todos os bens e serviços não utilizados como insumos na região e no período considerado. Por sua vez, um insumo é todo bem ou serviço utilizado na produção de outro e cujo valor faz parte da composição do valor desse outro. Assim, por exemplo, os pães vendidos para consumo das famílias são bens finais, pois não são insumos de nenhum outro bem ou serviço. O valor desses pães entra diretamente no cálculo do PIB. Já os pães vendidos para as lanchonetes são considerados insumos, pois farão parte do processo de produção dos sanduíches vendidos. Da mesma forma, quem compra um pneu no supermercado e realiza a troca em sua própria garagem adquiriu um bem final, cujo valor é computado diretamente no PIB. Mas os pneus vendidos para as montadoras são insumos dos automóveis que elas fabricam, fazem parte da composição do valor desses carros; portanto, seu valor será considerado no cálculo do PIB, mas de forma indireta, por meio do valor dos automóveis.

Outros exemplos de insumos são a energia elétrica utilizada nos processos produtivos e toda uma série de serviços que as empresas e os profissionais vendem para outras empresas, compondo o valor dos produtos desses seus clientes. Portanto, ao estimar o PIB por meio do somatório dos valores de bens e serviços finais, cria-se um indicador da atividade econômica sem dupla contagem.

Produção, renda e valor agregado

Veja, leitor, que uma das grandes vantagens da metodologia de cálculo do PIB é que ela gera indicadores adicionais. Além de permitir avaliar a evolução da produção de bens e serviços, sem influência da inflação e sem dupla contagem, o PIB também permite saber como se comporta a geração de renda na economia, isto é, o total de salários, aluguéis, lucros e juros, já livres daquelas mesmas distorções. Para ilustrar isso, vale um exemplo numérico simples.

Suponha que, em um pequeno país, são produzidos apenas três tipos de bens ou serviços. Lenhadores locais produzem toras de madeira utilizando somente seus machados. Essa madeira é vendida para as famílias, que a utilizam como lenha em suas lareiras, ou é destinada a uma fábrica de móveis. Essa fábrica, por sua vez, tem de adquirir toda uma série de outros insumos necessários para fabricar móveis, tais como ferragens, tecidos e verniz. Por fim, um grupo de artistas de rua realiza espetáculos de improviso ao ar livre, arrecadando valores diretamente do público.

Considere somente essas transações e imagine-se, leitor, iniciando o cálculo do valor monetário do PIB com os dados da figura 20. Para começar, somam-se os valores dos bens e serviços finais produzidos dentro das fronteiras do país: móveis, lenha e espetáculos de rua. Temos $ 700 de lenha, $ 2.500 de móveis e $ 900 de espetáculos ao ar livre (nesse exemplo simplificado, não há governo nem exportações ou importações). Essa soma gera um valor de $ 4.100 e corresponde precisamente à produção realizada dentro das fronteiras em termos brutos, isto é, ao valor do PIB.

É importante notar que, nesse exemplo no qual não há governo nem impostos, o PIB corresponde igualmente ao valor monetário da renda gerada na economia, renda esta que é a remuneração dos fatores produtivos utilizados na produção e que alimenta a demanda pelos bens e serviços da economia, isto é, os gastos dos que compram o PIB. A receita dos produtores, obtida quando vendem seus produtos finais, ou seja, atendendo aos demandantes, é paga como renda para os trabalhadores, para os capitalistas e para os empresários. Estes vão gastar sua renda comprando os produtos das empresas, isto é, gerando a demanda mencionada acima. Esse fato se expressa dizendo que a economia funciona como um fluxo circular: produto – renda – demanda (ou despesa). A figura 20 ilustra esses fluxos monetários.

Figura 20
Elementos para cálculo do PIB em uma economia simplificada

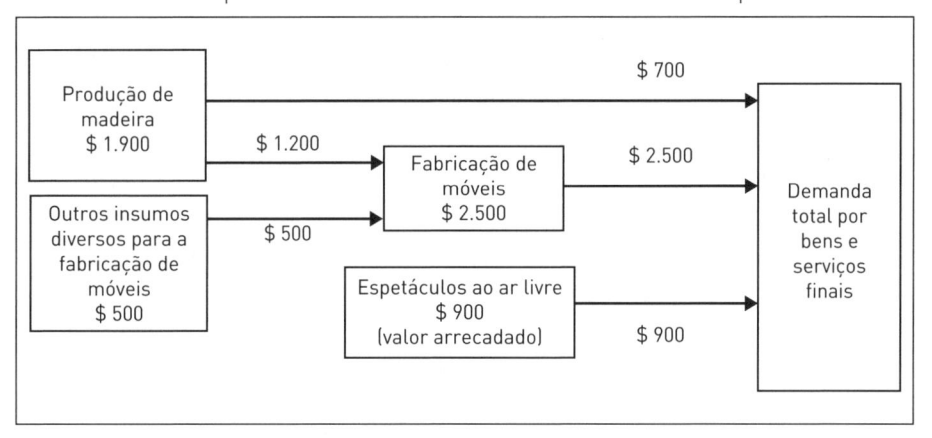

```
Produção de madeira $ 1.900 ──$ 1.200──▶ Fabricação de móveis $ 2.500
                    ──$ 700─────────────────────────────▶ Demanda total
Outros insumos diversos para a fabricação de móveis $ 500 ──$ 500──▶
Fabricação de móveis ──$ 2.500──▶ Demanda total por bens e serviços finais
Espetáculos ao ar livre $ 900 (valor arrecadado) ──$ 900──▶
```

Considere com mais detalhes alguns aspectos. Primeiramente, o que acontece na fabricação de móveis. O valor da produção, que vamos chamar de VP, é de $ 2.500 e o valor dos insumos, ou VI, é $ 1.200. Quando se subtrai o valor dos insumos do valor da produção de qualquer empresa ou setor da economia, chega-se ao conceito muito conhecido de valor agregado ou valor adicionado (VA). Portanto, no caso daquelas fábricas, temos um valor agregado VA = $ 1.300 = VP – VI. O VA corresponde sempre ao total de renda gerada em cada atividade, pois subtraindo do valor dos bens e serviços produzidos os pagamentos aos fornecedores de insumos, o que resta se destina a salários, que é a renda dos trabalhadores, ou ao pagamento de outros itens como juros, aluguéis e *royalties*, que são a remuneração dos diferentes tipos de capital de terceiros utilizados na atividade. O que restar depois desses pagamentos é o lucro, que nada mais é do que a renda ou remuneração do empresário.

> O valor agregado (VA) em uma atividade econômica ou empresa, produzindo qualquer bem ou serviço, é dado pela diferença entre o valor do bem ou serviço gerado nessa atividade (VP) e o valor dos insumos utilizados em sua produção (VI):
>
> VA = VP – VI

Com o conceito de valor agregado em mente, pode-se voltar ao exemplo do pequeno país. O valor agregado na atividade dos lenhadores é $ 1.900, uma vez que eles não empregaram insumos (os machados sofrem algum desgaste e, certamente, os lenhadores devem constituir um fundo de depreciação para comprar machados novos de tempos em tempos; mas o PIB é calculado em termos brutos, sem descontar a depreciação).

Na fabricação de móveis o VA é de $ 800, e de seus outros insumos é $ 500. Supondo que os artistas de rua não utilizam insumo algum, o VA dessa atividade, que é um serviço final, também é igual ao seu VP, isto é, $ 900. E, não por acaso, o somatório de todos os VAs também resulta em $ 4.100. O quadro 1 mostra a relação do PIB e da renda interna bruta (RIB).

Quadro 1
Produto interno bruto e renda interna bruta (resumo)

Produto interno bruto	=	Renda interna bruta
Somatório dos valores dos bens e serviços finais produzidos dentro das fronteiras de um país ou região, em determinado período		Somatório dos valores agregados em todas as atividades produtivas dentro das fronteiras de um país, ou região, em determinado período
O PIB real (isto é, descontada a inflação) permite mensurar a evolução da produção de bens e serviços em geral, sem dupla contagem		A RIB real (isto é, descontada a inflação) corresponde ao total de renda gerada em um país

Como o valor da renda interna bruta equivale ao do produto interno bruto, usa-se o PIB *per capita* (PIB ÷ população) para o cálculo da chamada renda média ou *per capita* do país. Mas, para isso, é preciso um pequeno ajuste. Existem empresas, como as multinacionais, que remetem renda para o exterior na forma de lucros enviados para as matrizes. Além disso, quando utilizamos marcas e patentes registradas no exterior, isso também gera remessas de renda na forma de *royalties*. Por fim, países cujas empresas e governos tomam empréstimos externos remetem juros para o exterior. Partindo de PIB = RIB, subtraindo a renda enviada ao exterior (REE) e somando a renda recebida do exterior (RRE), chega-se ao conceito de produto nacional bruto (PNB), conforme a expressão a seguir.

$$PNB = PIB - REE + RRE$$

O valor do PNB também corresponde a um conceito de renda, a renda nacional bruta (RNB), isto é, a renda total efetivamente ganha pelos agentes econômicos que residem no país. E, dividindo o valor da RNB pela população, chega-se ao conceito muito conhecido de renda *per capita*.

Note que os conceitos como PIB, RIB e PNB são dinâmicos. Eles medem a renda agregada gerada em determinado período. Muitas vezes, ouvimos dizer que o PIB é "o total das riquezas de um país" em certo período. Mas isso é um equívoco. Um quadro em um museu é um exemplo de riqueza, ou ativo estocado. A contribuição do museu ao PIB anual de seu país é mensurada por meio do valor agregado dos serviços prestados, cujo cálculo corresponde ao valor dos ingressos vendidos ao público no ano em questão. A riqueza (os quadros artísticos) atraiu o público que pagou ingressos e gerou renda para o museu.

Ciclo de negócios e crescimento potencial

Observando o comportamento da atividade econômica no Brasil apresentado na figura 19, nota-se que o PIB real brasileiro oscilou no período. Mas, ao mesmo tempo, esse indicador apresentou uma clara tendência de crescimento, exceto nos anos mais recentes. São dois movimentos distintos: as oscilações de curto prazo, isto é, as observadas ano a ano, e a tendência de crescimento ao longo de décadas. Mas, afinal, o que determina a tendência de crescimento do PIB de um país e o que causa as oscilações de curto prazo, o chamado ciclo de negócios?

Para compreender ambos os fenômenos, considere, leitor, o que acontece em uma empresa qualquer. Seu crescimento no longo prazo depende da realização de investimentos produtivos: aquisição de maquinário, troca dos *softwares* e *hardwares*, ampliação das instalações, capacitação de pessoal, entre outros fatores. Sem investir, nenhuma empresa poderá crescer de forma continuada. Mas o volume de bens ou serviços efetivamente produzido mês a mês depende da demanda. Nenhuma empresa deseja acumular estoques indefinidamente, produzindo mais do que vende. Logo, mesmo tendo capacidade produtiva, toda empresa acaba ajustando seu volume de produção ao que consegue vender, isto é, à demanda.

O mesmo acontece com o PIB de um país. O crescimento sustentado, isto é, contínuo ao longo de muitos anos, só pode ser garantido se as empresas e os governos investirem e, com isso, ampliarem a capacidade produtiva do país, cujo pleno uso corresponde ao chamado PIB potencial. Em economia, a palavra investimento se refere geralmente à aquisição de ativos produtivos: máquinas, equipamentos, instalações, realização de obras de infraestrutura, aquisição de conhecimento, isto é, aquisição de capital humano, embora o uso mais comum da palavra investimento se refira à aquisição de ativos financeiros, que podem ou não estar associados à compra de máquinas e equipamentos. Neste livro, sempre que a palavra investimento for utilizada sem nenhuma qualificação, se refere ao investimento produtivo, ou seja, à aquisição de ativos produtivos.

Ao mesmo tempo, as oscilações do PIB efetivamente observadas no curto prazo, fazendo com que fique acima ou abaixo do PIB potencial (isto é, da capacidade de produção), ao longo de um ou de vários trimestres, dependem da demanda agregada.

Figura 21
Representação do PIB ao longo do tempo: potencial e observado

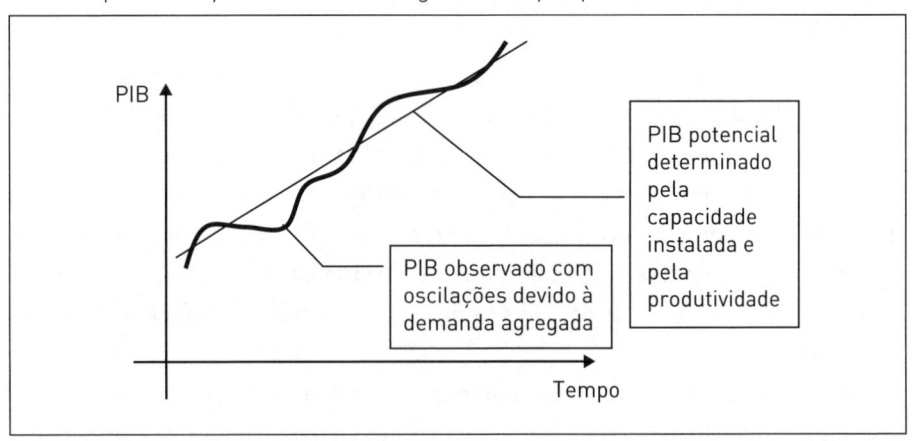

A figura 21 ilustra a relação entre o crescimento de longo prazo, causado pelo investimento, e as oscilações de curto prazo, o chamado ciclo de negócios. As oscilações do PIB trimestre a trimestre são causadas pelas flutuações de curto prazo na demanda agregada. Mas a tendência de longo prazo depende da ampliação da capacidade produtiva, que se expande por conta do investimento produtivo e da evolução da produtividade. Esta última se relaciona ao uso eficiente dos recursos disponíveis da economia.

O exemplo de um pequeno país, ilustrado na figura 20, mostra a demanda agregada que se origina na renda das famílias que adquirem dois bens, a saber, lenha e móveis, e um serviço: apresentação teatral. Analisando as fontes de demanda em um país qualquer, nota-se que a demanda agregada tem quatro componentes: o consumo das famílias, cujo símbolo é C; os gastos públicos com custeio, G, e com investimento público, I_G; a aquisição de bens de capital pelos profissionais e pelas empresas (investimento privado), I; e o comércio exterior, sabendo-se que a letra X representa as exportações e a letra M, as importações. Assim, a demanda agregada, que determina o comportamento do PIB no curto prazo, pode ser representada pela expressão a seguir:

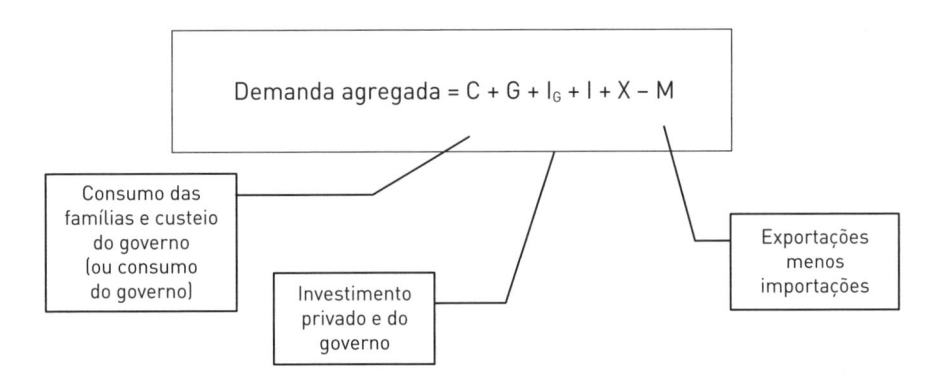

$$\text{Demanda agregada} = C + G + I_G + I + X - M$$

- Consumo das famílias e custeio do governo (ou consumo do governo)
- Investimento privado e do governo
- Exportações menos importações

Isso significa que as empresas podem vender bens e serviços finais, para as famílias (C), para outras empresas (I), para o governo (G + I_G) ou para clientes no exterior (X). Mas parte da demanda total se desvia para o exterior, redundando em importações, ou M e, portanto, não se transformando em vendas das empresas no próprio país. O valor das importações deve então ser subtraído da demanda final. Cada uma dessas fontes determinantes da demanda agregada será analisada para compreendermos melhor as flutuações de curto prazo, isto é, o ciclo de negócios. Depois, volta-se ao tema do crescimento de longo prazo, isto é, ao PIB potencial. A figura 22 sintetiza os determinantes de demanda e oferta agregadas.

O consumo das famílias, C, é o principal componente da demanda agregada. No Brasil, esse componente corresponde a cerca de 60% da demanda agregada. As decisões de consumo são muito influenciadas pela renda corrente das famílias. Mas, no que se refere à compra de bens duráveis de consumo, as expectativas de renda futura e o acesso ao crédito são fundamentais. A perspectiva de desemprego, ainda que não se confirme, pode afastar muitas pessoas do consumo de duráveis pelo receio de ficarem inadimplentes. Ao mesmo tempo, alguém que esteja momentaneamente desempregado, mas confie que voltará a trabalhar, poderá manter seu padrão de consumo, especialmente se puder se financiar.

Figura 22
Oferta e demanda agregadas: determinantes (resumo)

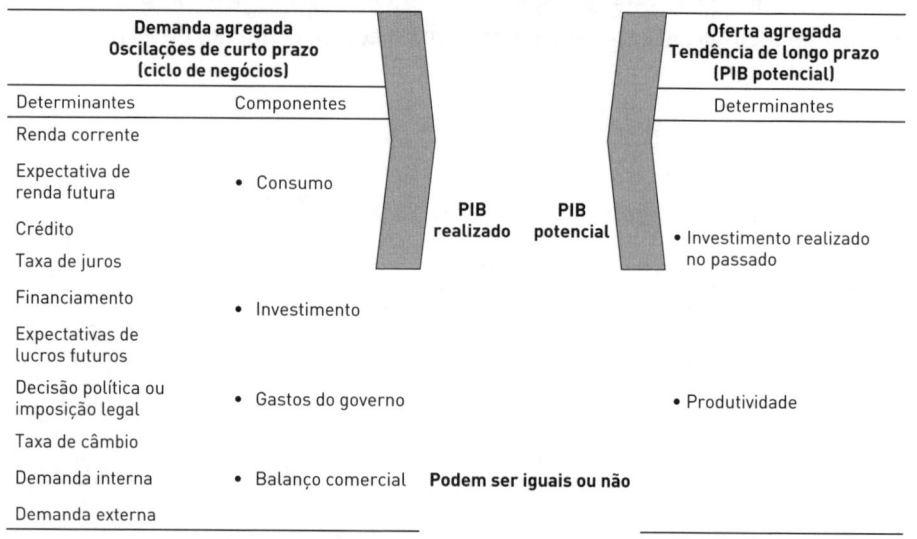

Demanda agregada Oscilações de curto prazo (ciclo de negócios)				Oferta agregada Tendência de longo prazo (PIB potencial)
Determinantes	Componentes			Determinantes
Renda corrente				
Expectativa de renda futura	• Consumo			
Crédito		PIB realizado	PIB potencial	• Investimento realizado no passado
Taxa de juros				
Financiamento	• Investimento			
Expectativas de lucros futuros				
Decisão política ou imposição legal	• Gastos do governo			• Produtividade
Taxa de câmbio				
Demanda interna	• Balanço comercial	Podem ser iguais ou não		
Demanda externa				

O investimento é um componente da demanda agregada de grande importância. No presente imediato, ele representa as compras de bens de capital e de educação e qualificação dos trabalhadores, com vistas à melhoria de sua produtividade. São decisões de gasto objetivando retornos futuros, mas alimentam a demanda agregada no curto prazo. E, à medida que o investimento e a produtividade aumentam, as perspectivas de crescimento da economia também aumentam. As decisões de investimento são influenciadas pela taxa de juros, a qual é confrontada com as expectativas de lucro futuro. A elevação dos juros ou a redução das expectativas de ganho reduzem a demanda por bens de investimento e, assim, também reduzem a demanda agregada. O investimento tem correspondido de 15% a 20% da demanda agregada no Brasil.

Os gastos públicos são outra importante fonte de demanda. São as compras que o governo faz de seus fornecedores de bens e serviços, incluindo o pagamento de salários aos funcionários. Esses gastos decorrem ou de decisões políticas ou de imposições legais, frequentemente resultando de obrigações legais fixadas no passado. Os aumentos de gastos públicos são usados, muitas vezes, com o objetivo de estimular a demanda e a expansão do PIB no curto prazo. No Brasil, a maior parte dos gastos do governo se refere ao custeio da máquina administrativa (G), embora também ocorram investimentos públicos, sobretudo em infraestrutura.

Somados, o consumo, o investimento e os gastos do governo compõem a demanda que se origina dentro das fronteiras do próprio país. Há ainda a demanda externa, as compras de bens e serviços feitas por agentes econômicos não residentes no país, isto é, as exportações (X). Esse componente da demanda agregada é afetado pela taxa de câmbio (quanto mais alta a cotação do dólar em relação ao real, por exemplo, maior o ganho dos exportadores e maior o estímulo para exportar) e pela atividade econômica no exterior. As exportações brasileiras de bens e serviços têm representado de 10% a 12% do valor da demanda agregada (do PIB). Veja a figura 23.

Figura 23
Típica composição da demanda agregada no Brasil

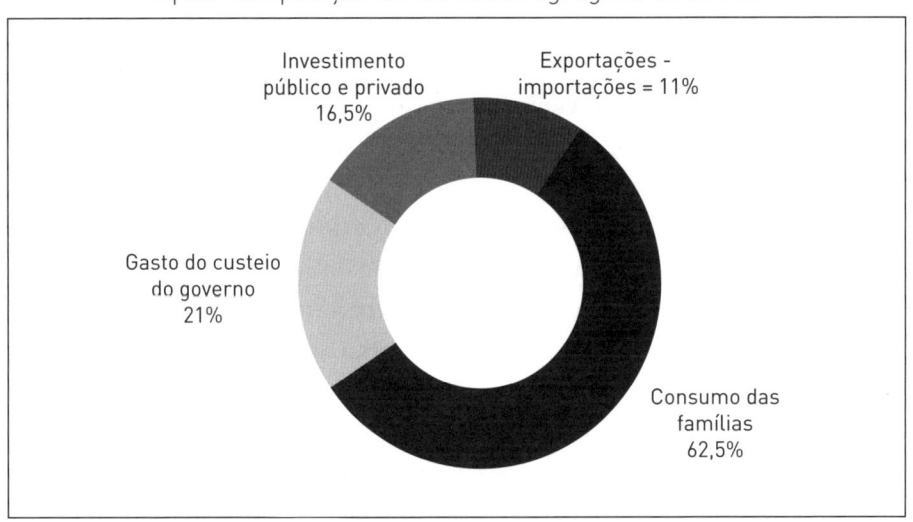

- Investimento público e privado: 16,5%
- Exportações - importações = 11%
- Gasto do custeio do governo: 21%
- Consumo das famílias: 62,5%

Fonte: Banco Central do Brasil. Relatório anual. Disponível em: <www.bcb.gov.br>. Acesso em: 1º set. 2017.

Mas é preciso lembrar que existem itens importados em cada um dos componentes de demanda que acabamos de listar. As famílias brasileiras podem consumir vinhos chilenos e azeites portugueses, por exemplo. São gastos incluídos no consumo das famílias (C), mas que não se traduzem em demanda pelo PIB do Brasil. Portanto, é preciso subtrair as importações de bens e serviços (M) da demanda total. As importações também são afetadas pela taxa de câmbio, considerando-se que quanto mais baixo o valor do dólar em relação ao real, por exemplo, mais barato será comprar bens importados, e pelo próprio nível de atividade no país, o qual gera a renda necessária para estimular a demanda por importados.

Se o saldo do balanço de bens e serviços for positivo, o comércio exterior gerou demanda para o país, contribuindo com o aumento do PIB realizado. Mas se houver déficit, então o país gerou mais demanda para seus parceiros comerciais do que o contrário. No Brasil, o balanço de bens e serviços com o exterior costuma apresentar um pequeno déficit próximo de zero. Logo, o setor externo contribui de modo muito modesto para a formação da demanda agregada no país.

Investimento e crescimento do PIB potencial

O investimento é um componente da demanda agregada que possui dupla importância. Ele é, ao mesmo tempo, fonte de demanda para os ofertantes de bens de capital no presente e o fator que expande a capacidade produtiva, sustentando o crescimento futuro.

Do ponto de vista das pessoas, das empresas e dos governos, investir significa realizar projetos de ampliação ou modernização da capacidade produtiva. Esses projetos envolvem tanto elementos tangíveis, como a ampliação de uma fábrica, a aquisição de computadores de uso empresarial, a construção de uma ponte, quanto elementos intangíveis, como, tipicamente, a qualificação profissional por meio da educação. Como foi feito neste capítulo, costuma-se dividir o total dos investimentos realizados em um país em privados (I) e públicos (I_G).

O investimento e a expansão da capacidade produtiva exigem que se abra mão do consumo presente em favor do potencial aumento de consumo no futuro. Se, em uma economia, só forem produzidos alimentos, roupas, automóveis de passeio e sessões de cinema, não se produziram bens de investimento. Como consequência, a capacidade produtiva será, na melhor das hipóteses, sempre a mesma. O PIB potencial não irá crescer.

Em economia, a parte do PIB que não é composta de bens de consumo é chamada de poupança. É esse excedente da produção em relação ao consumo que pode ser destinado à ampliação da capacidade produtiva na forma de máquinas, equipamentos, obras de infraestrutura ou aquisição de conhecimento, o chamado "capital humano".

Os países cujo PIB potencial cresce rapidamente e de forma contínua são aqueles nos quais a parcela do investimento total sobre o PIB é elevada. No Brasil, o investimento tem representado 15% a 20% do PIB nos últimos 15 anos. Esse percentual é chamado de taxa de investimento da economia.

Como ilustrado na figura 23, países com taxas de investimento maiores sustentam um crescimento médio de longo prazo também mais elevado. Um país como a China, por exemplo, investe em média 45% do PIB. Com isso, seu PIB potencial e seu PIB têm crescido a taxas anuais próximas a 10%. E, naturalmente, há dúvidas se tal taxa de crescimento elevada é sustentável, no sentido de que pode causar danos permanentes ao meio ambiente e exacerbar os problemas sociais devido às necessidades de extrair recursos da população para investir (o problema da sustentabilidade do crescimento é um dos assuntos mais debatidos modernamente).

Como a linha de evolução do PIB potencial representa as condições de oferta agregada, e as oscilações de curto prazo são regidas pela demanda agregada, sempre que o PIB realizado se expande além do seu potencial, ocorrem pressões inflacionárias, como mostra a figura 24. Por isso, como veremos adiante, no curto prazo o crescimento sustentado e não inflacionário exige que se mantenha o crescimento da demanda agregada em linha com o potencial produtivo. Ao longo do ciclo de negócios, quando a demanda agregada cresce além do PIB potencial, as empresas estarão superutilizando seus equipamentos e se desfazendo de seus estoques, colocando em uso maquinário menos produtivo e contratando horas extras. Essa é uma conjuntura favorável à elevação de preços e, por isso, surgem pressões inflacionárias. Nesses momentos, em geral o banco central eleva as taxas de juros para conter a demanda. Mas o governo também pode cortar seus gastos ou elevar os impostos, com o mesmo objetivo de reduzir a demanda agregada.

Figura 24
Tendência de crescimento (PIB potencial) e oscilações de curto prazo
(ciclo de negócios) em dois países, com taxas de investimento diferentes

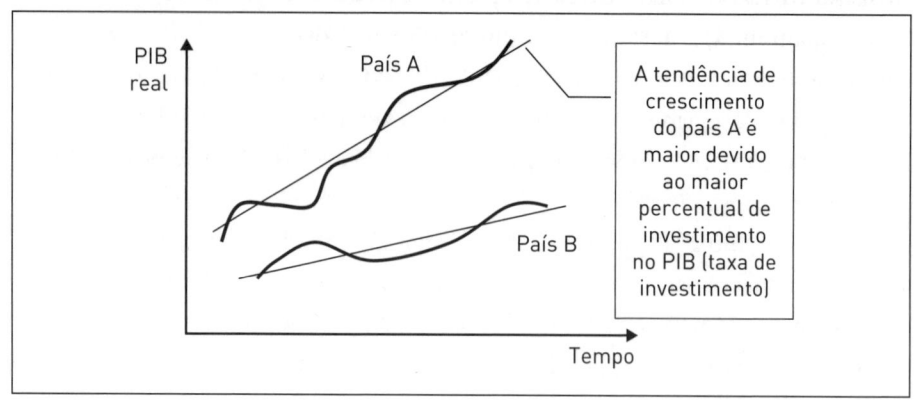

[Figura 24: gráfico com eixos PIB real × Tempo, mostrando País A com tendência de crescimento maior e País B com tendência menor. Caixa de texto: "A tendência de crescimento do país A é maior devido ao maior percentual de investimento no PIB (taxa de investimento)"]

Em períodos de recessão, quando o PIB efetivamente realizado fica abaixo do potencial, ocorre o contrário. As empresas entram em regime de ociosidade e tendem a demitir trabalhadores. Os bancos centrais costumam cortar as taxas de juros para estimular a demanda e evitar o desemprego associado à recessão. Por vezes, o governo também aumenta seus gastos ou reduz os impostos para acelerar a recuperação.

Figura 25
Inflação e desemprego ao longo do ciclo de negócios

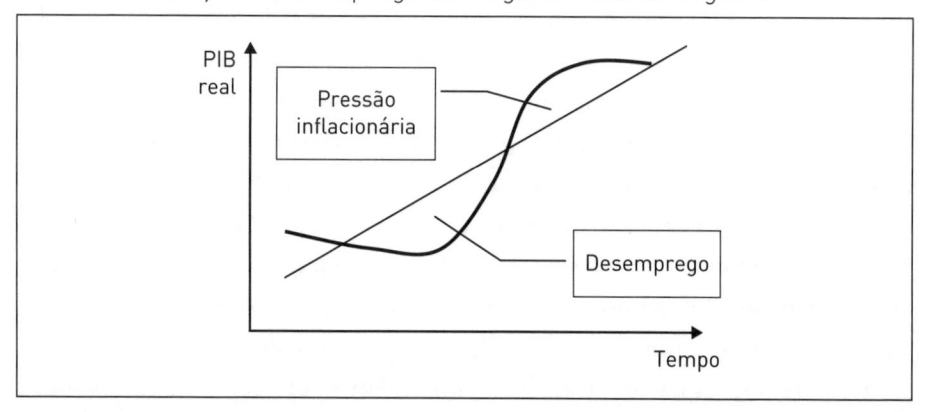

[Figura 25: gráfico com eixos PIB real × Tempo, com curvas identificadas como "Pressão inflacionária" e "Desemprego"]

Observando a figura 25, é possível notar o chamado problema da política econômica de estabilização. Juros muito baixos e gastos públicos excessivos podem gerar um hiato entre o PIB efetivo, isto é, a demanda agregada, e o PIB potencial, superaquecendo a economia (e acelerando a inflação). Por outro lado, juros muito altos e cortes de gastos públicos podem reduzir excessivamente a demanda agregada, causando desemprego e ociosidade.

O desemprego que surge por conta de descompassos entre a demanda agregada e o PIB potencial é chamado de desemprego conjuntural. Pode ser sanado pela expansão da demanda agregada. Mas, em alguns países, sobretudo em momentos de fortes mudanças tecnológicas na estrutura produtiva, o desemprego pode persistir mesmo nesses momentos de expansão da demanda agregada. Isso ocorre, em geral, por conta das mudanças tecnológicas e da baixa mobilidade da força de trabalho. Depois de perderem seus empregos nos setores decadentes e enquanto não conseguem ser realocados nos setores que crescem mais, muitos trabalhadores permanecem desempregados. Esse é o chamado desemprego estrutural. É sanável pela reeducação e retreinamento da mão de obra. Por fim, é possível notar que, em qualquer fase do ciclo econômico, a taxa de desemprego costuma ser maior em determinados grupos sociais, como as pessoas mais idosas, mulheres, negros, deficientes físicos, por exemplo. É o chamado desemprego social, que decorre da discriminação sofrida por esses grupos.

Em resumo, a política econômica de estabilização procura evitar os dois males decorrentes dos descompassos entre a oferta agregada (o PIB potencial) e a demanda agregada (o PIB efetivo). Esses males são o desemprego e a inflação. A mensuração desta última será considerada com mais detalhes a seguir.

Inflação e índices de preço

A mensuração da inflação é um tema que gera algumas controvérsias. Muitas pessoas estranham o grande número de índices de preço e as diferenças entre as distintas inflações medidas por eles. Em parte, essas dúvidas se justificam. Para superá-las, deve-se começar com uma definição clara:

> Inflação é a alta generalizada de preços.

Em outras palavras, quando alguns preços sobem e outros caem, não se pode dizer que há inflação. Fenômenos assim são chamados de mudanças de preços relativos, sendo meras acomodações dos preços, uns em relação a outros. Ocorre que, quando os preços sobem de forma generalizada, também é comum que alguns subam mais do que outros. Isto é, os preços também mudam relativamente, simultaneamente à ocorrência de uma alta geral.

O quadro 2 resume as características dos principais índices de preço no Brasil.

Quadro 2
Principais índices de preço no Brasil

Órgão responsável	Índice*	Componentes*	Faixa de renda em salários mínimos	Área geográfica	Período de apuração***	Dia de divulgação	Ano de início da série
IBGE	IPCA-15	Não há	1 a 40	11 regiões metropolitanas mais as cidades de Brasília e Goiânia**	Dia 15 MA a dia 14 MR	Até dia 25	2000
	IPCA				Dia 1 MR a dia 30 MR	Até dia 15	1979
	INPC		1 a 5				
FGV	IGP-10	IPA-10 IPC-10 INCC-10	O IPC da FGV é calculado para a faixa entre 1 e 33	O IPC da FGV é calculado em 12 áreas metropolitanas. Além das 11 pesquisadas pelo IBGE, inclui Florianópolis	Dia 10 MA a dia 9 MR	Até dia 20	1994
	IGP-M	IPA-M IPC-M INCC-M			Dia 21 MA a dia 20 MR	Até dia 30, com prévias nos dias 10 e 20	1989
	IGP-DI	IPA-DI IPC-DI INCC-DI			Dia 1 MR a dia 30 MR	Até dia 10	1944
Fipe-USP	IPC-Fipe	Não há	1 a 20	Região metropolitana de São Paulo	Dia 1 MR a dia 30 MR	Até dia 10	1939

* INPC = índice nacional do preço ao consumidor; IGP = índice geral de preços; IGP-M = índice geral de preços – mercado; IPA = índice de preços por atacado; INCC = índice nacional do custo da construção; IPC = índice de preços ao consumidor; IPC-DI = índice de preços ao consumidor – disponibilidade interna.
** São Paulo, Rio de Janeiro, Belo Horizonte, Porto Alegre, Curitiba, Salvador, Recife, Fortaleza, Belém do Pará, Vitória, Campo Grande além de Goiânia e Brasília. Nestas duas últimas, a pesquisa se restringe a cada uma das cidades.
*** MR = mês de referência; MA = mês anterior.

Às vezes, algumas pessoas suspeitam das medidas de inflação publicadas. A depender da cesta de bens e serviços que costuma comprar, uma pessoa pode ser mais ou menos afetada pela alta de preços. Quando a Fundação Getulio Vargas (FGV), por exemplo, divulga o índice geral de preços (IGP), pode ser que a inflação sentida pelo consumidor em Porto Alegre seja diferente. Mas não é correto afirmar que aquele indicador é falso ou viesado. Isso se deve apenas ao fato de que certa região pode estar vivendo uma alta de preços acima da média geral, enquanto, em outra, a alta de preços está abaixo da média. Os aumentos de preço não são uniformes.

Em resumo: não existe um índice de preço que seja sempre melhor que outro. O desafio é identificar o índice mais adequado, dado o uso que se deseja fazer dele. Um empresário que produza revestimento cerâmico interessado em monitorar os custos de seu setor deve usar o índice de preços por atacado (IPA) dos minerais não metálicos, divulgado pela FGV. Já o sindicato que negocia reposição de perdas salariais de categorias com menor qualificação pode usar o índice nacional de preços ao consumidor (INPC) do IBGE, que é um índice de preços do varejo focado nos hábitos de consumo das famílias de renda mais baixa. Ou, talvez, se for um sindicato da cidade de São Paulo, possa usar o índice de preço ao consumidor (IPC) da Fundação Instituto de Pesquisas Econômicas (Fipe) da Universidade de São Paulo (USP), calculado com base apenas nos preços do varejo local. A tabela 5 mostra as variações dos índices de preço tratados neste capítulo, no período de 10 anos, de 2007 a 2016.

Tabela 5
Principais indicadores de inflação no Brasil
(2007-2016): variação percentual anual

Ano	INPC	IGP-DI	IPCA	IGP-M	IPC-Fipe
2007	5,16	7,90	4,46	7,19	6,54
2008	6,48	9,11	5,90	10,54	11,08
2009	4,11	-1,44	4,31	3,67	5,2
2010	6,47	11,31	5,91	5,52	3,89
2011	6,08	5,01	6,50	7,81	5,11
2012	6,20	8,11	5,84	5,09	5,8
2013	5,56	5,53	5,91	11,32	6,41
2014	6,23	3,78	6,41	-1,71	3,64
2015	11,28	10,68	10,67	9,8	6,17
2016	6,58	7,15	6,29	7,74	4,37

Fonte: Ipeadata. Disponível em: <www.ipeadata.gov.br>. Acesso em: 1º set. 2017.

A FGV é responsável pela estimativa dos índices gerais de preços (IGPs). O mais antigo deles é o índice geral de preços disponibilidade interna (IGP-DI), cuja série teve início em 1944. Esse é um índice composto pela média ponderada de outros três: o índice de preços no atacado (IPA), com ponderação de 60%; o índice de preços ao consumidor Brasil (IPC), com 30% de peso; e o índice nacional de custos da construção (INCC), com 10% de peso. O IPC é calculado com base no padrão de consumo de famílias com renda mensal de até 33 salários mínimos. O levantamento é feito em 12 regiões metropolitanas. O INCC considera os custos da construção civil em todo o país, incluindo tanto o valor dos insumos quanto o da mão de obra.

O índice geral de preços de mercado (IGP-M) surgiu em 1989, por iniciativa do setor privado, e atende às peculiaridades dos usuários dos índices. A metodologia é do IGP-DI, mas o período de coleta de preços foi antecipado. Assim, enquanto o IGP-DI estima a alta de preços que ocorre entre o dia 1 e o dia 30 do mês de referência, o período de coleta de dados do IGP-M compreende o intervalo entre o dia 21 do mês anterior e o dia 20 do mês de referência. Com isso, a FGV consegue divulgar o IGP-M até o dia 29 do mês de referência, o que favorece seu uso para reajustar contratos privados, os quais, em geral, seguem o mês-calendário.

Como regra, os IGPs são muito sensíveis ao que se passa no cenário externo devido ao grande peso do IPA. Este último inclui a maioria dos preços das matérias-primas e insumos básicos, como aço, petróleo e derivados, soja e trigo. Os preços desses itens sofrem influência direta das variações cambiais e dos preços internacionais, tendo impacto sobre o IPA e, portanto, sobre o IGP.

O Instituto Brasileiro de Geografia e Estatística (IBGE) é responsável por dois dos principais índices de inflação no varejo: o INPC e o IPCA. O índice nacional de preços ao consumidor (INPC) mede a inflação com base nos hábitos de consumo de famílias com renda mensal entre um e cinco salários mínimos. O levantamento de preços é realizado em 11 regiões metropolitanas, as mesmas utilizadas na pesquisa do IPC, exceto Florianópolis. Depois de calcular o indicador em cada uma dessas regiões, o INPC é gerado ponderando-se cada cidade pelo peso de sua população na faixa de renda considerada. Isso também ocorre no caso do IPC da FGV. Assim, por exemplo, a região metropolitana de São Paulo contribui com mais de 25% para o cálculo do INPC.

O índice de preço ao consumidor amplo (IPCA) também é calculado pelo IBGE. Ele reflete a inflação baseada no padrão de consumo das famílias com renda entre um e 40 salários mínimos, e a pesquisa também é feita nas mesmas regiões da pesquisa do INPC. Pelo fato de incorporar famílias de renda mais alta, o IPCA é mais influenciado pelo preço dos serviços, como educação particular, seguros, despesas com condomínio, refeição fora de casa e internet banda larga. Como esses preços oscilam muito menos do que os preços das feiras-livres e dos supermercados, que podem ser alterados todos os dias, o IPCA torna-se um índice mais estável que o INPC. Mas é importante notar que o IPCA nunca é sistematicamente mais alto ou mais baixo que o INPC; apenas menos volátil. Itens como serviços demoram a ter seus preços reajustados e, por isso, o IPCA varia mais lentamente.

Devido a essas características, o INPC muitas vezes é chamado de inflação das classes de renda mais baixas, o que é correto. Já o IPCA é chamado de inflação da classe média, o que é falso. Afinal, o IPCA não mede a inflação na faixa de renda entre seis e 40 salários mínimos. Na verdade, o IPCA engloba as mesmas faixas de renda do INPC e vai além, sendo, portanto, o indicador de inflação das faixas de renda baixa e alta. De todo modo, o IPCA é o indicador de inflação no varejo que inclui o maior número de itens de serviços, e é também o índice usado pelo Banco Central definindo a meta de inflação a ser atingida, conforme você, leitor, poderá ver no próximo capítulo.

Por fim, o IPC da Fipe mede a inflação na região metropolitana de São Paulo desde a década de 1930. Esse indicador toma por base os hábitos de consumo das famílias paulistanas com renda mensal de até 20 salários mínimos. As características do IPC da Fipe e o peso da região metropolitana de São Paulo nos índices nacionais fazem com que este seja um indicador de grande interesse, antecipando em alguns dias o que deve acontecer com o IPCA e o INPC, divulgados logo em seguida a cada mês.

Vale ressaltar que o procedimento adotado para a elaboração dos índices costuma ser periodicamente atualizado, refletindo mudanças de hábitos, produtos novos, e assim por diante.

Neste capítulo, leitor, introduzimos alguns conceitos macroeconômicos importantes, ligados à produção e aos preços. Consideramos também como uma economia funciona, ou se organiza por meio do fluxo circular produto – renda – despesa. Desse modo, é possível, no próximo capítulo, analisar a política governamental de estabilização, ou seja, como as políticas monetária e fiscal de governo podem influir no fluxo circular da economia.

Por enquanto, para auxiliá-lo no entendimento do assunto, apresentamos a seguir alguns exercícios.

Exercícios

1) O produto interno bruto é calculado somando-se o valor da produção de todos os bens e serviços da economia do país?

2) Foi visto que o valor em dólares do PIB da China é maior do que o do Japão. A partir dessa informação, pode-se dizer que as condições econômicas de vida da média da população chinesa são melhores do que as da população do Japão?

3) Considere a definição de valor agregado (VA) a partir do valor da produção (VP) e do valor dos insumos (VI) utilizados. Explique, de forma intuitiva, por que a utilização de uma marca famosa em uma simples camiseta de algodão é capaz de gerar valor agregado.

4) Considere o caso de uma economia simples mostrado na figura 20 (p. 71). Suponha que os outros insumos utilizados na fabricação de móveis tivessem sido importados e não produzidos domesticamente. Que ajuste seria necessário realizar no cálculo do PIB? Lembre-se de que o valor do PIB naquele exemplo era $ 4.100.

5) Suponha que uma multinacional tenha produzido $ 1,5 milhão em bens finais dentro das fronteiras do país A. Mas, como a sede da empresa fica no país B, no mesmo período essa empresa remeteu lucros no valor de $ 350 mil. Como utilizar esses valores no cálculo do PIB e do PNB do país B?

6) Explique por que o crescimento do PIB potencial exige que haja uma escolha entre o consumo presente e o consumo futuro por parte da população.

7) Suponha que, em dado país, a demanda agregada, isto é, o PIB efetivamente observado, está continuamente acima do PIB potencial. Explique por que esta situação gera inflação.

8) Uma empresa realizou negociações salariais em separado com os empregados da linha de produção, de baixa qualificação e salários menores, e com o *staff* da diretoria, pessoal com maior qualificação e salários bem mais altos. Cada categoria escolheu um indicador de inflação para pautar suas reivindicações de reposição das perdas causadas pela inflação. Ambas as categorias obtiveram as reposições salariais e nada mais. Com base nas características dos índices tratados neste capítulo e nos dados do quadro 2 (p. 82), quais deveriam ter sido os índices de reajuste escolhidos pelas duas categorias?

O desenvolvimento do conteúdo deste capítulo deve muito a John Maynard Keynes, considerado um dos mais importantes economistas do século XX.

Breve nota biográfica: *John Maynard Keynes (1883-1946)*

Aluno de Alfred Marshall na Universidade de Cambridge, Keynes tornou-se funcionário do Tesouro inglês (1915-1919) e criticou muito as grandes reparações de guerra impostas pelos aliados à Alemanha, em 1918. Depois, tornou-se professor de economia em Cambridge e, em 1936, publicou seu livro mais famoso: *A teoria geral do emprego, dos juros e da moeda*.

Nesse livro, Keynes explica por que uma economia capitalista estaria sujeita a crises de desemprego e queda de produção, e defende a atuação do governo formulando políticas compensatórias para resolver ou atenuar as crises. Ao fazer isso, criou e utilizou um modelo macroeconômico, simples mas poderoso, sendo por isso considerado por muitos o fundador da macroeconomia moderna. Keynes foi um participante importante nos debates em Bretton Woods sobre a criação de um sistema monetário internacional e do FMI, e seus interesses intelectuais se estenderam à literatura, às artes e à teoria da probabilidade, sobre a qual escreveu um livro.

Para enriquecer

A contribuição de Keynes

Para enriquecer seus conhecimentos, considere que há dois números que exemplificam e sintetizam, esplendidamente, a contribuição keynesiana para o bem-estar da população. Na década de 1930 houve uma crise econômica mundial de grandes proporções (quebradeira de bancos, indústrias etc.). Foi a chamada Grande Depressão Mundial, e resultou em taxas de desemprego de 30%, ou mais, da força de trabalho, tanto nos Estados Unidos quanto em outros países. Em 2008, repetiu-se a quebradeira de bancos, de muitas indústrias e assim por diante, e também em nível mundial. A taxa de desemprego nos Estados Unidos atingiu um máximo de 13% (o mesmo aconteceu no Brasil). Por que a diferença entre 1930 e 2008? Simplesmente, em 2008 os governos adotaram políticas econômicas keynesianas de recuperação da demanda agregada.

Diferentemente de 1930, hoje em dia sabemos que é possível estabilizar as flutuações exageradas da demanda agregada (devido a crises financeiras ou outras causas, como a queda na oferta de petróleo), usando políticas monetárias, de responsabilidade dos bancos centrais, e políticas fiscais relacionadas ao déficit ou superávit do orçamento público.

Veja, a seguir, o prédio do Banco Central do Brasil. É o palácio da estabilização da economia, responsável que é pelo cumprimento da meta de inflação brasileira. Imponente!

4
As políticas monetária e fiscal e a estabilização da economia

Neste capítulo o tema principal é a análise das políticas monetária e fiscal do governo, conduzidas com o objetivo de estabilizar a economia; isto é, de fazer com que, ao longo do tempo, as trajetórias da demanda agregada e do PIB efetivo coincidam o mais possível com a trajetória do PIB potencial. Se isso ocorresse continuamente, seria evitada qualquer aceleração inflacionária, decorrente do superaquecimento da economia, bem como as taxas de desemprego mais altas consequentes das recessões.

A análise desses tópicos depende do desenvolvimento de uma série de conceitos e definições, como os de moeda e de orçamento público, e da descrição de como funcionam várias instituições, como o banco central, o sistema bancário e assim por diante. O regime monetário de metas de inflação, adotado no Brasil e em outros países, também será estudado, bem como a questão do endividamento do setor público.

Todos esses tópicos costumam ser abordados e debatidos diariamente nos programas de televisão, nos jornais e nas revistas de grande circulação. Seu conhecimento detalhado vai permitir ao leitor um acompanhamento da conjuntura econômica, nacional e internacional, bem mais apurado, inclusive lendo com maior proveito os artigos sobre o assunto que aparecem na mídia diária.

A moeda

As pessoas e as empresas em uma sociedade moderna se especializam na produção de determinado bem ou serviço, ou de um grupo de bens e serviços similares entre si, o que normalmente permite que alcancem muita eficiência em sua atividade produtiva. No entanto, apesar de especializadas na produção, as pessoas querem usufruir de uma cesta de bens de consumo diversificada, ou seja, composta dos mais variados bens e serviços. Em consequência, nas sociedades modernas, para que possam se especializar na produção e ainda assim usufruir de consumo diversificado, as pessoas precisam fazer trocas entre si. O produtor do bem A se concentra na produção de A, na qual se torna, portanto, bastante eficiente, e depois troca parte ou tudo que produziu de A pelos bens B, C ou D, os quais são produzidos por outros especialistas. Desse modo, cada pessoa pode ter um consumo final diversificado, embora tenha se especializado na produção de alguns poucos bens.

Considere, leitor, com mais detalhe, o processo de troca. Se fosse necessário fazer a troca direta do bem A pelo B, como descrito antes, haveria uma grave inconveniência: a necessidade de ocorrer a chamada dupla coincidência de desejos. Seria preciso que o produtor de A, que deseja B, achasse alguém que produzisse B e desejasse A.

Numa sociedade pequena, tribal, com poucas pessoas e poucos bens e serviços, a troca direta talvez seja possível e prática, pois todos se conhecem. Mas, na complexa sociedade moderna, o arranjo de trocas que prevalece, em quase todos os casos, é o indireto, ou seja, o produtor de A vende o que fez em troca de dinheiro e, com esse dinheiro, compra os outros bens e serviços que deseja. O dinheiro funciona como o bem intermediário da troca, também chamado de meio de troca, meio de pagamento ou meio de recebimento.

Exemplificando: uma pessoa trabalha numa fábrica de camisas; a fábrica vende seu produto em troca de dinheiro e então pode pagar um salário monetário a seu empregado. E, com o dinheiro do salário, este pode comprar os bens que desejar, inclusive camisas.

A troca indireta evita a necessidade da dupla coincidência de desejos. Basta o trabalhador ou produtor trocar seu serviço ou sua produção por dinheiro para obter algo que tem poder de compra generalizado sobre todas as coisas. Ele não precisa especificar de antemão o que quer obter em troca do que produz. Eventualmente, vai exercer o poder de compra do dinheiro que recebeu ao vender seu produto, pois o dinheiro é durável e possui a qualidade da liquidez, ou seja, é facilmente trocável por quase todos os demais bens e serviços. Na verdade, todos os mercados em uma economia moderna são mercados que trocam algum bem ou serviço por dinheiro.

AS POLÍTICAS MONETÁRIA E FISCAL E A ESTABILIZAÇÃO DA ECONOMIA

> Nas sociedades modernas, as trocas se efetuam indiretamente. A moeda é o intermediário, para evitar a necessidade da dupla coincidência de desejos.

Os economistas costumam chamar o dinheiro de moeda. Esse é o termo que usam generalizadamente quando se referem aos bens que intermediam as trocas na economia. Historicamente, um dos bens mais usados com esse objetivo foram as moedas de ouro, provavelmente devido a algumas das qualidades físicas desse metal, como a durabilidade, a divisibilidade e a facilidade de reconhecimento. E também devido a qualidades econômicas, como o alto valor do ouro em relação a seu peso ou volume, o que permitia a qualquer pessoa portar, no seu bolso ou bolsa, uma pequena quantidade de ouro, leve e pouco volumosa, mas com uma boa dose de poder de compra. A escassez do ouro na natureza lhe conferiu esse alto valor em relação a seu peso ou volume, levando à possibilidade de as pessoas "portarem" bastante poder de compra, mesmo carregando consigo apenas pequenas quantidades de ouro.

Atualmente, o tipo de moeda mais usada na maior parte do mundo desenvolvido não tem um elemento ou uma substância no seu corpo físico para lhe dar valor, como o ouro. A moeda moderna é, em geral, apenas uma forma de registro de valor. É a chamada moeda escritural. Muitas vezes são pedaços de papel, ou de metal, com inscrições registrando um valor. Esse valor registrado não tem nenhuma relação com o valor em si da substância contida na moeda, seja papel ou metal. Outra forma mais comum ainda da moeda moderna são os depósitos bancários sujeitos a saque imediato, via instrumentos financeiros como cheques, transferências entre depósitos (TEDs), cartões de débito e de crédito. Os bancos registram os valores dos saldos dos depositantes, os quais podem lançar mão deles a qualquer momento.

Assim, quando uma pessoa trabalha para uma empresa, vende seu serviço, costuma receber, no fim do mês, como pagamento, um aumento no saldo da sua conta bancária. Esse aumento ocorre devido à transferência, pelo empregador, de fundos dos seus próprios depósitos bancários para os do empregado. Os depósitos bancários da empresa, por sua vez, foram alimentados pelos pagamentos e transferências feitos por seus clientes. Estes também receberam transferências de outros e, dessa forma, puderam pagar à empresa. E assim vai ocorrendo sucessivamente, pois há uma rede abrangente para a transferência desses registros de valor, propiciando, portanto, os pagamentos de praticamente todas as transações realizadas no país.

A moeda moderna, ou seja, o papel-moeda e os depósitos bancários, a rigor não contém fisicamente nenhuma substância valiosa, como o ouro ou a prata. Constitui um sistema de pagamentos via transferências de registros que possibilita as trocas entre milhões de pessoas físicas e jurídicas. O sistema bancário tem um papel crucial no processo, pois os depósitos bancários sujeitos a saque imediato são a forma mais comum de moeda. A falência e o fechamento do sistema bancário em qualquer país é um evento muito grave, preocupante, pois as transações econômicas que usam a moderna "moeda registro" bancário ficam impossibilitadas de ocorrer. E a economia do país pode ficar paralisada.

No Brasil, o total de meios de pagamento M1, definido como o papel-moeda em poder do público mais os saldos dos depósitos bancários sujeitos a saque imediato, atinge um montante de aproximadamente 6% do PIB anual do país. Desse total, 45% são saldos de depósitos bancários sujeitos a saque imediato.

Embora haja várias definições do que seja exatamente moeda em determinado país, gerando siglas como M1, M2, M3, M4, a definição mais usada para meios de pagamento M1 é a soma dos depósitos bancários sujeitos a saque imediato e o papel-moeda em poder do público, ou seja, os ativos monetários com liquidez praticamente imediata.

> Meios de pagamento M1 = papel-moeda em poder do público + depósitos bancários à vista.

O banco central e a geração da moeda

A geração da moeda usada em muitos países atuais decorre da atuação dos seus bancos centrais ("bacens"). Esses órgãos funcionam como banqueiros dos bancos, ou seja, os bancos comerciais têm contas no banco central, depósitos compulsórios e voluntários, os quais são chamados de reservas bancárias; e os bancos emprestam ou tomam emprestados recursos financeiros ao/do Bacen, ou compram e vendem títulos governamentais para o Bacen. Em princípio apenas os bancos, ou melhor, as instituições financeiras em geral, têm depósitos e recebem empréstimos do Bacen ou negociam títulos governamentais com ele.

Para entender o mecanismo de geração da moeda em uma economia moderna, suponha, leitor, que o banco central conceda um empréstimo a um banco A, e o empréstimo se realize via um aumento do saldo da conta que A mantém no Bacen. Em consequência, A pode sacar recursos adicionais da sua conta no Bacen e emprestá-los a uma empresa comercial, por exemplo. Essa empresa, então, paga, por exemplo, a seus fornecedores cujos saldos de depósitos bancários, nos bancos B, C e D aumentariam, devido à receita obtida. Os bancos B, C e D, por sua vez, podem aumentar seus empréstimos, pois captaram um volume maior de depósitos. Os novos empréstimos feitos também podem gerar outros pagamentos a outras empresas e novos depósitos nos bancos, E, F e G, ou então nos próprios bancos A, B, C e D. E assim, sucessivamente, o processo evolui, de tal modo que, em última análise, o total de saldo dos depósitos bancários gerados nos diversos bancos é um múltiplo do empréstimo inicial do Bacen.

Enfim, o sistema bancário como um todo, ao captar depósitos e emprestar, e depois recaptar dos que receberam os pagamentos e reemprestar, gera um saldo total em depósitos bancários que é um múltiplo do valor do empréstimo original do Bacen. O total das reservas bancárias no banco central, somado ao papel-moeda nas mãos do público, é chamado de base monetária da economia. No Brasil moderno, os meios de pagamento, ou seja, o papel-moeda mais depósitos bancários, são quase o dobro da base monetária. O chamado multiplicador da base monetária é cerca de dois.

O sistema bancário multiplica os depósitos e, portanto, os meios de pagamento. Mas isso não gera riqueza líquida para a população do país. Mais depósitos nos bancos (mais ativo do público) significam também mais empréstimos (mais passivo do público), equilibrando o balanço patrimonial do público em geral. As pessoas físicas e jurídicas não bancárias vão ter mais a haver dos bancos (isto é, mais depósitos); mas, em seu conjunto, deverão mais aos bancos (isto é, mais empréstimos).

> A moeda moderna é um registro de valor, em papel, em metal ou nos depósitos nos bancos. Estes multiplicam a base monetária porque captam e emprestam, e tornam a captar e emprestar, e assim sucessivamente.

O banco central autônomo ou independente

O Bacen de qualquer país pode, literalmente, emitir moeda, ou seja, conceder empréstimos aos bancos ou comprar títulos deles e, com isso, aumentar os saldos dos depósitos dos bancos no próprio Bacen. São recursos financeiros que os bancos podem sacar para emprestar, iniciando o processo de multiplicação monetária descrito anteriormente. O Bacen pode também emprestar ao próprio governo, por exemplo, comprando títulos da dívida pública diretamente do Tesouro Nacional. Pode fazer isso para financiar os déficits no orçamento do setor público, ou seja, emitir moeda para financiar o déficit do governo.

Se a política de variação da oferta monetária em um país estiver primordialmente relacionada ao financiamento do governo, de seu déficit orçamentário, diz-se que o banco central do país é dominado fiscalmente ou orçamentariamente. Se a política de variação da oferta monetária for conduzida principalmente tendo em vista a estabilização da economia, objetivando adaptar a demanda agregada ao PIB potencial, e com isso evitar a recessão e o superaquecimento, diz-se que é um banco central autônomo ou independente. É independente não do país, é claro, mas da obrigação de financiar o déficit orçamentário do governo.

No Brasil, desde 1994, o Bacen tem funcionado com um razoável grau de independência, embora, em várias ocasiões, tenha sido politicamente pressionado para financiar o déficit público ou para reduzir a taxa de juros por meio do aumento da oferta monetária, o que, na realidade, facilita o financiamento do déficit público. Essa pressão para reduzir os juros pode ser incompatível com o objetivo de estabilizar a economia, levando ao superaquecimento da demanda e à aceleração da inflação.

> Um banco central independente não financia o déficit do orçamento público, concentrando-se em estabilizar a economia.

A tabela 6 mostra a evolução da inflação no Brasil. A estabilização da taxa de inflação a níveis muito mais baixos do que seu histórico anterior, a partir de meados da década de 1990, é um fato marcante da história econômica brasileira recente. Vários fatores contribuíram para tal performance, entre os quais figura, importantemente, a relativa independência do Banco Central do Brasil.

Tabela 6
Evolução da inflação anual no Brasil (medida pelo IPCA)

Período	IPCA (% a.a.)
1990	1.620,97
1991	472,70
1992	1.119,10
1993	2.477,15
1994	916,46
1995	22,41
1996	9,56
1997	5,22
1998	1,65
1999	8,94
2000	5,97
2001	7,67
2002	12,53
2003	9,30
2004	7,60
Média 2005-2010	4,90
2011	6,50
2012	5,84
2013	5,91
2014	6,41
2015	10,67
2016	6,29

Fonte: IBGE. Disponível em: <www.ibge.gov.br>. Acesso em: 1º set. 2017.

A política monetária

A política monetária de um país consiste nas variações da oferta monetária conduzidas pelo seu banco central. Nos países desenvolvidos, ou nos países em via de desenvolvimento mais adiantados, o objetivo do Bacen é, normalmente, o de estabilizar a economia, isto é, fazer com que a demanda agregada e, portanto, o PIB efetivo evoluam coincidentemente com o PIB potencial.

O Bacen, por meio dos empréstimos maiores ou menores que concede aos bancos, ou variando os empréstimos compulsórios exigidos dos bancos, ou ainda mediante a compra e a venda de títulos públicos das carteiras das instituições financeiras, consegue alterar o volume total de moeda e de crédito na economia. Consequentemente, altera o nível da demanda agregada, de modo a fazê-la coincidente com o PIB potencial. Em algumas ocasiões, se necessário, o Bacen conduz a política monetária para provocar alguma dose de recessão e, portanto, reduzir a inflação.

Os chamados instrumentos clássicos da política monetária são os empréstimos do Bacen aos bancos, as operações de compra e venda de títulos públicos, chamadas de operações de mercado aberto, e as variações nos percentuais de empréstimos compulsórios dos bancos ao Bacen. Muitas vezes, para balizar sua política monetária, os bancos centrais utilizam o nível de alguma taxa de juros importante na economia como objetivo de curto prazo a ser alcançado por sua política monetária. Por meio das expansões ou das contrações na oferta de moeda, procuram manter aquela taxa de juros no nível escolhido, sabendo que tal ação é consistente com uma oferta monetária e uma demanda agregada adequada para seus propósitos estabilizadores.

No Brasil, a taxa de juros usada para tal fim é a chamada taxa de juros básica da economia, e é a taxa de juros do mercado interbancário, dos empréstimos de liquidez que os bancos fazem entre si, com prazo de um dia. Todo banco costuma emprestar a seus clientes a prazos mais longos que o prazo médio dos seus depósitos, muitos dos quais podem ser sacados à vista pelos depositantes. Nessas circunstâncias, se em determinado dia houver mais saques num banco do que depósitos, ele necessita de fundos para cobrir seu problema imediato de liquidez. Esta situação é tão frequente que o sistema bancário, em muitos países do mundo, desenvolve um mercado interbancário para os empréstimos de curtíssimo prazo que os bancos fazem uns aos outros, visando obter a liquidez desejada. No Brasil, a taxa de juros nesse mercado é conhecida como taxa Selic, devido ao nome da instituição que custodia os títulos públicos que servem de garantia aos empréstimos interbancários (Selic = Sistema Especial de Liquidação e Custódia). Há também outra taxa de empréstimos interbancários no Brasil: é a taxa CDI, em geral muito próxima do valor da taxa Selic. A taxa CDI é uma média ponderada das taxas de operações interbancárias que não usaram a custódia Selic.

Atualmente, no Brasil, o Banco Central estabelece uma meta de curtíssimo prazo para a taxa de juros Selic, a qual pode ser alterada periodicamente, a cada seis semanas, nas chamadas reuniões do Comitê de Política Monetária do Banco Central do Brasil (Copom). As alterações, ao longo do ano, da meta de curto prazo da taxa de juros Selic visam conduzir a política monetária para obter a meta de inflação de longo prazo, desejada pelas autoridades monetárias e pelo governo do país. Essa meta de inflação costuma ser estabelecida para períodos mais longos, de um ou dois anos.

> Os instrumentos clássicos de política monetária são usados pelo Bacen para controlar a oferta monetária e, consequentemente, a demanda agregada. No curto prazo, o Bacen atua para manter (aproximadamente) constante o nível de uma taxa de juros escolhida e facilmente observável no mercado financeiro. No longo prazo, seu objetivo é estabilizar a economia.

Segundo a definição do Banco Central do Brasil, a meta de inflação é um regime de política monetária pelo qual essa instituição se compromete a atuar de forma a que a inflação (anual, por exemplo) se situe em uma faixa preestabelecida e anunciada publicamente. Os valores da faixa anunciada costumam ser percentuais baixos de inflação, digamos abaixo de 6% ou 7% ao ano.

Esse regime, que foi utilizado pela primeira vez na Nova Zelândia, em 1989, se caracteriza por três elementos básicos:

- o comprometimento com a estabilidade de preços (inflação baixa), que é o objetivo primordial da política monetária;
- a estratégia de atuação do banco central e sua meta são comunicadas, com antecedência, de uma forma transparente e clara, ao público em geral;
- a existência de instrumentos de atuação que tornem as autoridades monetárias (banco central) capazes de cumprir a meta.

Os elementos listados acima mostram que o regime de meta de inflação é mais do que um anúncio público de percentuais desejados, mas envolve também a capacidade e a transparência de atuação do banco central, de modo a obter credibilidade, a confiança da sociedade e controlar ("ancorar") as expectativas de inflação. E se não for alcançada a meta de inflação, deverá haver explicações, enfim, uma "prestação de contas" à sociedade. Vamos examinar mais detidamente as metas de inflação no Brasil.

O regime de metas de inflação

No início de 1999 o real sofreu uma forte desvalorização cambial, relativa ao dólar. Esse evento, provocado por problemas de balanço de pagamentos, implicou a perda da evolução moderada da taxa de câmbio R$/US$, típica do período entre 1994 e 1999, como balizadora ("âncora") das expectativas de inflação no Brasil. Além do mais, a forte desvalorização cambial provocou uma pressão altista nos preços praticados no país. Em março de 1999 o governo brasileiro anunciou a intenção de passar a conduzir a política monetária com base nas características do regime de metas de inflação.

Os muitos anos de inflação alta no Brasil, anteriores ao Plano Real, legaram um quase consenso da sociedade brasileira sobre as vantagens da estabilidade de preços, a qual é certamente uma condição necessária para o crescimento econômico do país. Os brasileiros aprenderam, de maneira dolorosa, que maior inflação não gera maior crescimento permanentemente, mas, pelo contrário, após um período inicial de euforia decorrente da demanda agregada excessiva, desestimula os investidores (temerosos da instabilidade de preços) e penaliza as camadas mais pobres da sociedade, promovendo uma concentração de renda.

As camadas mais abastadas da população conhecem maneiras de se defender da inflação alta e instável, e frequentemente lucrar com ela, por meio de aplicações no mercado financeiro. Essa possibilidade não estava ao alcance das camadas menos favorecidas, que viam os preços subirem diariamente, corroendo o poder aquisitivo dos seus salários. Segundo estudos da Fundação Getulio Vargas (FGV), a queda de inflação após o Plano Real reduziu em 18% a pobreza extrema no país.

A escolha do índice da inflação para o regime de metas no Brasil

No Brasil, a meta para a inflação é definida em termos da variação anual do índice de preços ao consumidor amplo, o IPCA, elaborado pelo IBGE (veja sua evolução anual na tabela 6). A maioria dos países que utilizam o regime de metas adota como alvo um índice de preço ao consumidor, pois é a medida mais adequada para avaliar a evolução do poder aquisitivo da população.

Dentro do conjunto de índices de preços ao consumidor, o IPCA foi escolhido por ser o de maior abrangência: ele mede a inflação para domicílios com renda entre um e 40 salários-mínimos em 13 cidades ou regiões metropolitanas.

Na maioria dos países que utilizam esse regime, a meta de inflação é definida pelo banco central. No Brasil, essa definição é feita pelo Conselho Monetário Nacional, composto pelo ministro da Fazenda, que preside o conselho, pelo presidente do Banco Central e pelo ministro do Planejamento. A meta então é aprovada pela Presidência da República e pelo Poder Legislativo (Congresso Nacional).

A meta definida para a inflação, medida pelo índice escolhido, pode ser pontual ou utilizar um intervalo. No caso de a meta ser definida por um intervalo ou banda, há um valor central em torno do qual se distribui uma faixa de tolerância de inflação.

No Brasil, a modalidade escolhida é de uma meta central com uma faixa de tolerância. Por exemplo, para 2018, a meta é de 4,5% de inflação com um intervalo de tolerância de 1,5% para cima (máximo de 6%) e para baixo (mínimo de 3%). Para 2019 a meta é de 4,25% mais ou menos 1,5%.

Os motivos que justificam a existência dessa banda são:

- Nenhum banco central consegue ter total controle sobre a variação dos preços. No Brasil, o que o Banco Central faz é principalmente influenciar a taxa de juros básica da economia (a taxa Selic). Esta taxa afeta, por vários caminhos, diretos e indiretos, a demanda agregada pelos bens e serviços produzidos na economia e, portanto, altera a evolução dos preços. No entanto, há outros fatores eventuais que afetam a inflação e que não estão sob o domínio da autoridade monetária (reajuste de preços administrados, choques de oferta como perdas de safra, variações do preço internacional do petróleo e de outras *commodities*, variações bruscas na taxa de câmbio devido a mudanças na economia internacional e outros). Os próprios instrumentos utilizados pela autoridade monetária têm defasagens e incertezas nos seus efeitos, não sendo instantaneamente eficazes.
- A existência dos intervalos de tolerância permite, portanto, ao banco central, variar comedidamente sua política monetária, acomodando parcialmente eventuais choques inflacionários exógenos. Assim, mesmo com a atuação do banco central, um choque provoca uma variação da inflação no curto prazo, fazendo-a afastar-se da meta central, embora ainda dentro da banda. É fato também que uma banda de tolerância muito ampla pode criar a sensação de falta de comprometimento com a meta. A utilização do intervalo de tolerância deve seguir, portanto, um critério de parcimônia. Caso isso não aconteça, existe o risco de o regime de metas perder a credibilidade, deteriorando as expectativas de inflação.

O horizonte temporal em regimes de metas de inflação é a especificação do período em que se verificará o cumprimento da meta. No Brasil utilizam-se normalmente os 12 meses do ano-calendário, de janeiro a dezembro.

A atuação do banco central na busca do cumprimento da meta

A maior parte dos bancos centrais utiliza a taxa de juros de curto prazo como instrumento principal de política monetária. O regime brasileiro de metas de inflação utiliza a taxa Selic. Essa taxa, medida em % ao ano, é a taxa de juros média que incide sobre os empréstimos diários no mercado interbancário, com prazo de um dia útil (*overnight*), lastreados por títulos públicos custodiados no Sistema Especial de Liquidação e Custódia (Selic). Isso significa que a taxa Selic é a taxa que equilibra o mercado de reservas bancárias.

O Copom estabelece em reuniões pré-agendadas, que acontecem sempre às quartas-feiras de seis em seis semanas, a política para a taxa Selic, denominada meta para a taxa Selic. O Banco Central do Brasil intervém no mercado, se necessário, comprando e vendendo títulos públicos, para manter a taxa diária Selic próxima da meta estabelecida na reunião do Copom.

A taxa básica de juros (Selic) atua na inflação, e os principais mecanismos para isso são:

- Varia a demanda agregada, sobretudo os componentes de consumo das famílias e de investimento das empresas, os quais respondem ao custo de crédito e de financiamento.
- Atua sobre a taxa de câmbio, pois a entrada de capital financeiro do exterior responde ao diferencial entre as taxas de juros interna e externa. Uma taxa de juros alta no Brasil atrai capitais externos, os quais demandam reais para aplicar no país. A maior demanda por reais leva uma valorização cambial desta moeda em relação ao dólar. Por sua vez, o menor valor do dólar tem efeito redutor sobre a inflação, pois diminui os preços de produtos e componentes importados.
- Afeta as expectativas dos agentes econômicos. Por exemplo, ao elevar a taxa de juros de curto prazo para evitar o surgimento da inflação, o Banco Central pode restabelecer a confiança na estabilidade de preços, reduzir a incerteza e assim melhorar o desempenho futuro da economia. A queda

da taxa de juros promovida pelo Banco Central, ao fim de um período de recessão com a inflação já decrescente tende a ser interpretada pelos agentes econômicos como uma prévia de eventual expansão da economia. Significa que tempos melhores virão, estimulando o consumo da população e o investimento das empresas.

Quando a meta não é cumprida, o que no caso brasileiro significa a inflação ficar fora do intervalo de tolerância, o presidente do Banco Central publica no *site* da instituição uma carta aberta, dirigida ao ministro da Fazenda, que preside o Conselho Monetário Nacional. Nessa carta, são explicadas as razões para o descumprimento da meta e as providências tomadas para o retorno a uma trajetória que leve à meta. No Brasil, desde 1999, estas cartas foram escritas em 2001, 2002, 2003 e 2015 – anos nos quais os limites máximos de tolerância para a inflação foram rompidos – e estão disponíveis no *site* do Banco Central.

O papel das expectativas e a autonomia do banco central

O regime de metas de inflação tem como um dos seus objetivos básicos "ancorar" as expectativas de inflação da população. A transparência de comunicação da autoridade monetária sobre sua estratégia para o controle da inflação é um fator de suma importância para o sucesso do regime de metas. Os movimentos da política monetária passam a ser previsíveis no médio prazo, atuando na formação das expectativas sobre a economia e a inflação. A credibilidade dessa política é essencial para que os reajustes de preços tendam a ser próximos entre si e da meta estabelecida e divulgada. Um banco central com credibilidade consegue, por meio da coordenação das expectativas, alinhar os reajustes dos preços da economia para valores próximos da meta anunciada.

Para que essa credibilidade aconteça, é necessário que os agentes econômicos tenham a percepção que o banco central possui a autonomia operacional necessária ao gerenciamento da política monetária e possa perseguir eficazmente a meta proposta. Na esmagadora maioria dos países que utilizam o regime de metas, a autonomia da autoridade monetária é garantida por lei. Não é o caso do Brasil. Contudo, a percepção de autonomia "consentida" (pela Presidência da República) do Banco Central até 2010 foi bastante consistente. Posteriormente, a percepção de autonomia do Bacen foi debilitada, com consequências negativas nos resultados da inflação, principalmente entre 2012 e 2015. Podemos dizer que as expectativas de inflação dos agentes econômicos durante esse período foram desancoradas da meta anunciada. Isso quer dizer que a meta se tornou menos crível.

A figura 26 mostra a evolução da inflação, medida pelo IPCA, bem como da taxa Selic, entre 2000 e 2016, e também algumas previsões dos bancos para 2017 e 2018. A forte redução dessa taxa em 2012 gerou uma subsequente aceleração da inflação, aproximadamente 12 a 15 meses depois, um atraso normalmente reconhecido como o *lag* típico da política monetária. O subsequente aumento da taxa Selic, no final de 2014 e início de 2015, promoveu uma redução da inflação em 2016.

Figura 26
Séries históricas: taxa Selic e IPCA acumulados em 12 meses

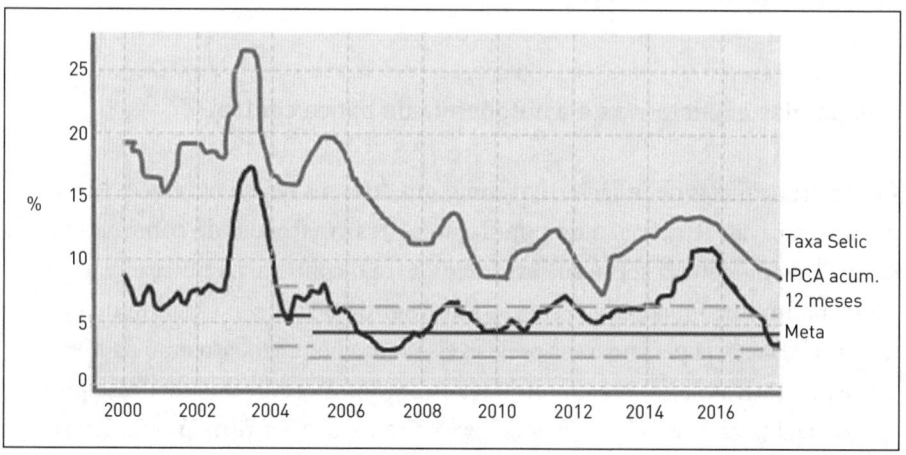

Fontes: IBGE e previsões dos bancos para os anos 2017-2018.

A política fiscal

A expressão política fiscal é usada pelos economistas para se referir à interferência direta do governo, com seus gastos e tributos, no fluxo circular da economia e, portanto, sobre a demanda agregada e a geração de renda para os agentes econômicos. A condução da política fiscal implica a fixação do total dos gastos públicos e sua administração e distribuição entre, de um lado, os gastos com os salários e o custeio da máquina governamental (G) e, de outro, os gastos com os investimentos públicos (I_G). A política fiscal também envolve a fixação do total de impostos (T), bem como a administração e a distribuição das receitas tributárias.

Por meio dos gastos G e I_G e dos impostos (T), o setor público participa da demanda agregada no fluxo circular da economia e, consequentemente, quando aumenta ou diminui seus gastos, intensifica ou desacelera correspondentemente o nível de atividade. O excesso de gastos públicos ou o corte nos impostos pode ser um fator de inflação, ou pode servir como um freio à recessão em momentos de desaquecimento. Simetricamente, o corte em gastos públicos ou o aumento dos impostos arrefece as economias superaquecidas. Além do mais, a arrecadação tributária afeta indiretamente o gasto privado. As elevações dos impostos podem reduzir tanto o consumo privado quanto o investimento privado.

É preciso notar também que, se na composição do gasto público houver uma participação elevada dos investimentos (I_G), a capacidade de produção da economia tenderá a aumentar mais rapidamente.

A situação das contas públicas

A condução da política fiscal implica a administração simultânea desses três elementos: G, I_G e T. O conceito mais importante que associa os três é o de déficit ou superávit orçamentário do setor público. Na verdade, é preciso considerar que há mais de um conceito de déficit orçamentário do governo.

Quando o total de gastos não financeiros do setor público (G + I_G) superar a arrecadação tributária (T), diz-se que o governo se encontra em uma situação de *déficit orçamentário primário*. Caso (G + I_G) < T, teremos, ao contrário, um *superávit primário*.

Mesmo que (G + I_G) > T, o governo não pode deixar de pagar seus compromissos alegando não dispor de arrecadação suficiente. Costuma, então, vender títulos públicos no mercado, ou seja, obter recursos emprestados. A acumulação dessas captações de recursos gera a dívida pública (D). Quando se endivida, devido ao desequilíbrio das suas contas, o setor governamental passa a disputar a poupança disponível no sistema financeiro. O governo está gastando mais do que sua renda, ou seja, a receita tributária, e necessita cobrir seu déficit pedindo emprestado. Nessa situação, absorve parte da poupança que iria para o setor privado.

Como o governo, sobretudo em situações econômicas instáveis, em geral é considerado pelos poupadores como representando um risco menor do que as empresas privadas, os títulos da dívida pública podem se tornar um sério concorrente para as empresas que precisam captar recursos de modo a levar adiante seus planos de investimento. O fato é que o financiamento do déficit do governo, ao absorver parte da poupança disponível anteriormente para o setor privado, reduz o total de recursos para os projetos privados de investimento. Esse fenômeno, chamado de efeito deslocamento, ocorre se o aumento dos gastos públicos gerar escassez de crédito para o setor privado e então reduzir indiretamente o investimento das empresas: o gasto público "deslocou", ou seja, diminuiu o investimento privado.

A dívida pública

Uma vez que os títulos públicos tenham sido emitidos para financiar o déficit orçamentário, no período seguinte, além das despesas não financeiras, leitor, o governo deverá arcar com os juros (J) devidos sobre a dívida adquirida. Normalmente, se considera que J inclui todas as despesas financeiras, sejam elas de juros, de comissões, correções ou qualquer outro item dessa natureza contabilizado nas despesas do setor público.

Há, então, um segundo e importante conceito de déficit do orçamento público: o déficit nominal. Ele é obtido pela soma do déficit primário, isto é, aquele que não considera as despesas financeiras, com o montante de despesas de juros e demais encargos similares incidentes sobre a dívida pública.

O quadro 3 resume as relações entre todos esses conceitos.

Quadro 3
Conceitos básicos em finanças públicas

Dívida pública = passivo total do setor público junto a seus credores internos e externos. Evolui de acordo com o déficit nominal do orçamento do governo.

Resultado (déficit ou superávit) primário = (I_G + G) − T, onde: I_G = investimento do governo; G = despesas de custeio; T = arrecadação tributária.

Déficit nominal = resultado primário + J, onde: J = despesas de juros sobre a dívida pública.

O déficit nominal é o resultado global das contas públicas. Nele, estão incluídas todas as despesas e todas as receitas do setor público.

É preciso distinguir, em finanças públicas, os conceitos de dívida pública e dívida externa. A dívida pública, como dito, é o passivo do setor público, é seu endividamento junto aos credores. Mas esses credores podem residir dentro do país (dívida pública interna) ou fora do país (dívida pública externa). Por outro lado, as empresas e as pessoas físicas também têm dívidas, ou passivos junto a credores dentro do país (dívida privada interna) e credores fora do país (dívida privada externa). Como se mostra na figura 27, a dívida externa total do país é a soma da dívida pública externa com a dívida privada externa.

Figura 27
Dívida pública e dívida privada

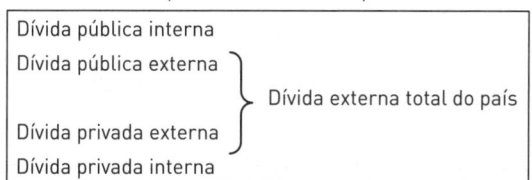

Dívida pública interna	
Dívida pública externa	⎫
	⎬ Dívida externa total do país
Dívida privada externa	⎭
Dívida privada interna	

Um dos indicadores mais importantes para medir a solvência do setor público é obtido calculando-se a relação entre a dívida pública (D) e o PIB. Se a razão D/PIB for estável ao longo do tempo, o setor público, que arrecada tributos a partir do PIB, se mantém solvente. Os países da União Europeia, por exemplo, concluíram que, se o déficit nominal de qualquer país membro se mantiver em 3% do seu respectivo PIB, sua dívida pública crescerá de forma a acompanhar o crescimento do PIB, mantendo constante a relação D/PIB.

Em países como o Brasil, com taxas de juros muito altas, as quais tendem a fazer com que haja um déficit fiscal maior e que a dívida pública cresça mais rapidamente, utilizou-se, na década de 1990, a privatização das estatais para cobrir o déficit orçamentário e frear o crescimento da dívida. Esse foi fundamentalmente o uso que se deu aos recursos obtidos com a privatização: contribuir para a solvência financeira do setor público. Alguns anos depois, quando as possibilidades e os recursos da privatização começaram a se tornar mais escassos, a forma pela qual a política fiscal contribuiu para o quadro de solvência foi a geração de superávits primários que levaram à redução do déficit nominal. Foi isso o que aconteceu no Brasil nos primeiros anos do século XXI. E a relação dívida pública sobre o PIB brasileiro declinou no período.

> Para estimular a demanda agregada na economia, o governo pode aumentar seus gastos ou reduzir os tributos. É a política fiscal expansiva. No entanto, se o déficit decorrente dessa política for financiado pela emissão de títulos públicos, a situação orçamentária poderá se deteriorar no futuro.

A situação do orçamento público no futuro, tendo em vista os pagamentos dos juros sobre os títulos públicos, gera a necessidade de se estudar a sustentabilidade das contas públicas. As taxas de juros elevadas podem ocasionar uma verdadeira explosão de endividamento futuro, ou seja, uma eventual inadimplência do governo (o famoso "calote"). Vamos analisar, a seguir, a questão da sustentabilidade das contas públicas e, em consequência, a credibilidade do governo do país.

A política fiscal e a sustentabilidade das contas públicas

Quando o governo gasta mais do que arrecada, seu orçamento se torna deficitário e é necessário financiar a diferença. Uma maneira perversa de fazê-lo é por meio de emissão de moeda. O banco central emite moeda, repassa para o governo, que cobre o rombo orçamentário. Nessa situação, dizemos que o banco central é fiscalmente dominado, e a política monetária fica a reboque das necessidades de financiamento público.

O financiamento do déficit orçamentário do governo via emissão monetária não tem nenhum compromisso com a estabilidade do valor da moeda no país. O resultado natural é uma grande instabilidade do nível de preços da economia e, eventualmente, taxas de inflação muito elevadas. Tal situação ocorreu no Brasil durante muitos anos, só sendo corrigida na década de 1990, quando uma série de leis orçamentárias e práticas adequadas proibiram o financiamento inflacionário do déficit do governo. Na realidade, como os gastos públicos continuaram elevados e fortemente crescentes, desde o início dos anos 1990, para cobrir o déficit houve um acréscimo substancial dos impostos no Brasil. Atualmente, cerca de 35% do valor do PIB do país é recolhido pelos governos federal, estaduais e municipais brasileiros, como receita tributária.

Uma vez que, ainda assim, tenha continuado a situação de orçamento deficitário, mesmo após os grandes aumentos de receitas fiscais, o governo precisou se endividar para cobrir o rombo. Não podia emitir moeda (dado o regime monetário de meta de inflação e a relativa autonomia do Banco Central); não podia aumentar mais os tributos, pois 35% do PIB já é uma carga tributária bem elevada para o nível de renda da população; logo, precisou se endividar.

Esse modo de o governo financiar seu déficit consiste em vender títulos públicos no mercado financeiro. Se o governo brasileiro lançar títulos no mercado mundial, em moeda estrangeira (digamos dólar norte-americano), ele ficará devendo em dólar norte-americano. Esses títulos fazem parte da dívida externa do país. Outra possibilidade é o lançamento de títulos internamente, ou seja, fazer dívida em reais. Nesse caso, o governo fica devendo em moeda doméstica. Esses títulos acumulados compõem a dívida interna do país, a dívida pública total sendo a soma da dívida pública externa com a dívida pública interna.

Com um déficit fiscal contínuo, o estoque de títulos públicos cresce em valor no tempo. Só não cresceria se, anualmente, houvesse um superávit orçamentário igual às despesas financeiras da dívida pública. Nesse caso não haveria necessidade de emitir mais títulos, pois o superávit permitiria pagar o serviço da dívida sem necessidade de novo endividamento. O valor da dívida pública ficaria estabilizado. Na verdade, o valor da dívida pública em relação ao PIB do país até diminuiria se houvesse crescimento econômico real do PIB.

Em geral, considera-se que o percentual da dívida pública em relação ao PIB é um bom indicador da sustentabilidade da dívida, pois o governo tem uma receita fiscal que evolui de modo estreitamente correlacionado com o desempenho do PIB real.

Fazendo analogia com uma pessoa, não conseguimos analisar sua situação financeira sabendo apenas que deve R$ 30 mil. Para avaliar se há o risco de não conseguir pagar a dívida, precisamos saber qual é sua renda. Se a renda anual for R$ 500 mil, o risco certamente é baixo; mas se for R$ 50 mil, a chance de inadimplência será muito maior.

O principal indicador de solvência da dívida pública é, portanto, a relação percentual de dívida/PIB. O numerador é o valor dos títulos a pagar no futuro, e o denominador é o PIB, cujo valor é estreitamente ligado à receita fiscal do governo.

Em síntese, o crescimento da dívida pública em si não é um problema sério; o perigo ocorre quando essa dívida começa a crescer num ritmo bem maior do que o PIB, entrando no que os economistas chamam de trajetória explosiva, a qual pode levar ao calote. Essa trajetória fará com que, cada vez mais, o país precise colocar novos títulos no mercado para se financiar. Menos investidores (externos e internos) desejariam correr o risco de financiar um governo em trajetória explosiva de dívida. Logo, para conseguir o financiamento o governo teria de pagar juros elevadíssimos sobre empréstimos de prazos cada vez mais curtos. Sua deterioração financeira passaria a se realimentar, em um processo de bola de neve crescente, levando a uma eventual moratória.

As agências de avaliação de risco e o grau de investimento

Os investidores que adquirem títulos da dívida dos governos de diversos países, denominados títulos soberanos, ou mesmo títulos de dívidas das empresas no país, buscam orientação para conhecer o risco que estão correndo. Um sinalizador fundamental é a avaliação feita pelas agências de risco ou empresas de *rating*. Essas agências têm a função básica de atribuir notas para determinar em que classe de risco o governo ou as empresas do país se encontram.

As empresas avaliadoras atribuem notas classificatórias de acordo com a situação dos devedores analisados, verificando a possibilidade real de que o governo/empresa honre suas dívidas no prazo acordado. As agências mais famosas e respeitadas nesta área são: Moody's, Fitch Ratings e Standard & Poor's. Cada uma dessas agências de *rating* possui seu próprio método de avaliação e classificação de riscos, atribuindo notas de acordo com o resultado da apuração financeira do governo/empresa. Tais avaliações focam principalmente nos bancos, nas grandes empresas e nos governos dos países.

As empresas de *rating* classificam o risco de um comprador de um título receber o pagamento no prazo acordado com os juros estabelecidos originalmente na emissão da dívida. No caso dos governos, a classificação é realizada para mensurar qual o risco de não honrar seus pagamentos de títulos soberanos. O principal indicador examinado é exatamente a trajetória da relação percentual dívida/PIB, a qual sinaliza a qualidade de solvência do país.

As notas de classificação de risco se dividem em dois grupos: o grau de investimento, sinalizando os títulos mais seguros, e o grau especulativo, indicando o grupo de títulos que representam maior risco. Dentro de cada grupo, as notas mais altas representam um risco menor.

O quadro 4 mostra as notas de risco concedidas pelas três principais agências. A linha pontilhada que aparece na tabela separa as notas inferiores, consideradas de grau especulativo, das notas superiores, consideradas de grau de investimento.

Depois de ter ascendido em 2008 ao grupo de grau de investimento, o descontrole das contas públicas brasileiras, ocorrido a partir de 2012, fez com que, em 2015, as três principais agências rebaixassem a nota do governo brasileiro para o grupo especulativo.

Quadro 4
Notas de risco concedidas pelas agências avaliadoras

Escala de longo prazo			Risco
Fitch	Moody's	S&P	
AAA	Aaa	AAA	Melhor avaliação / menor risco
AA+	Aa1	AA+	Avaliação alta / risco baixo
AA	Aa2	AA	
AA-	Aa3	AA-	
A+	A1	A+	Avaliação ótima / risco médio-baixo
A	A2	A	
A-	A3	A-	
BBB+	Baa1	BBB+	Avaliação média / risco médio
BBB	Baa2	BBB	
BBB-	Baa3	BBB-	
BB+	Ba1	BB+	Avaliação baixa / risco médio-alto
BB	Ba2	BB	Avaliação bem baixa / cap. especulativo
BB-	Ba3	BB-	
B+	B1	B+	Avaliação muito baixa / altamente especulativo
B	B2	B	
B-	B3	B-	
CCC	Caa1	CCC+	Avaliação extremamente baixa / altamente especulativo
	Caa2	CCC	
	Caa3	CCC-	
	Ca	CC	Mais baixa avaliação / altamente especulativo
		C	
DDD	C	D	Falência

Ao perder o grau de investimento, o país deixou de receber, entre outros, os investimentos dos grandes fundos de pensão do mundo, pois por força de seus estatutos são proibidos de aplicar em países que não possuam grau de investimento. A menor oferta de dinheiro para o Brasil o obriga a pagar juros mais altos e a se comprometer com prazos mais curtos para a quitação dos títulos. O custo mais alto para financiar sua dívida deteriora cada vez mais suas condições financeiras, num processo que se realimenta. A figura 28 mostra a evolução e a tendência do % dívida/PIB bruta do país. A deterioração da dívida e as projeções de piora observadas estão no centro da perda de credibilidade e da crise econômica brasileira desde 2014.

Figura 28
Dívida pública como % do PIB

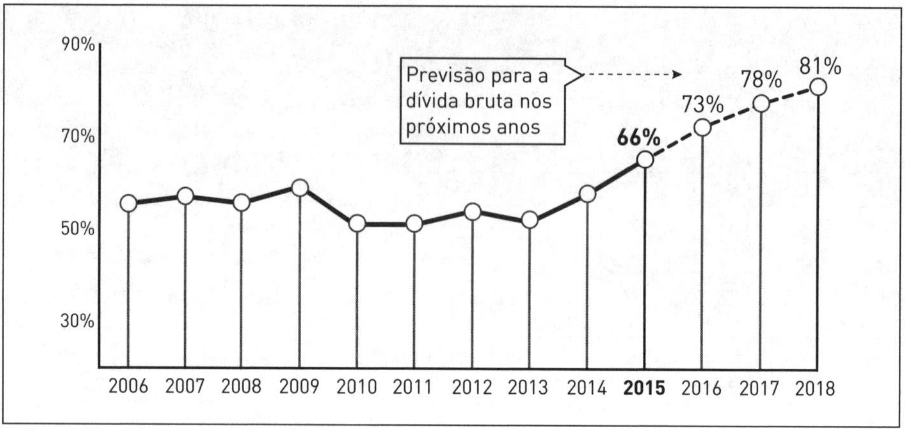

[Gráfico: valores de 2006 a 2014 em torno de 50-60%; Previsão para a dívida bruta nos próximos anos: 2015: 66%, 2016: 73%, 2017: 78%, 2018: 81%]

Fontes: Banco Central e Itaú Unibanco.

Neste capítulo, leitor, examinamos como a moeda moderna é importante para o funcionamento da economia. Vimos também o papel dos bancos centrais e do sistema bancário na emissão monetária e na administração da oferta de moeda, com o objetivo de estabilizar a economia. Finalmente, a política fiscal e a administração do orçamento do governo e da dívida pública também foram consideradas.

No próximo capítulo, o balanço de pagamentos e suas principais contas, a saber, exportação, importação e entrada de capital, serão o foco do estudo, considerando suas interações com os fluxos de renda e de produção na economia.

A seguir, preparamos alguns exercícios, para ajudá-lo no entendimento da matéria.

Exercícios

1) Explique por que a troca direta de bens e serviços entre as pessoas pode ser difícil de realizar.

2) Explique como funciona o multiplicador da base monetária.

3) Por que um banco central independente é um arranjo institucional que "defende" o país contra a inflação?

4) Quais são os instrumentos clássicos da política monetária?

5) O que é analisado na reunião do Copom no Brasil e qual é o resultado prático dessa análise?

6) Qual o procedimento a adotar no regime de metas de inflação em caso de déficit público elevado?

7) A política fiscal expansiva se caracteriza pela redução dos gastos públicos?

8) A inflação pode ser combatida por meio de um aumento dos gastos em investimento do governo?

9) Por que a taxa de juros elevada pode tornar o governo de um país insolvente?

O economista e professor Milton Friedman foi um grande nome da macroeconomia moderna e das consequentes políticas econômicas. Suas ideias libertárias também tiveram ampla repercussão.

Breve nota biográfica: *Milton Friedman (1912-2004)*

Economista, professor da Universidade de Chicago de 1948 até sua aposentadoria e prêmio Nobel de Economia em 1976. Seu livro (em parceria com Anna Schwartz) *Uma história monetária dos Estados Unidos, 1867-1960* é muito conhecido e reverenciado. Em sua carreira defendeu, entre outros tópicos, a importância do capital humano para o crescimento e o desenvolvimento das economias, e da política monetária e das expectativas dos agentes econômicos para o controle da inflação. Polemista famoso, ficou conhecido também pelas suas posições ideológicas a favor do livre mercado e contra a intervenção estatal. Suas preocupações sociais e libertárias levaram-no a defender o rendimento mínimo universal, igual para todos os cidadãos, a liberação geral das drogas, dos estilos de vida, da migração internacional e assim por diante.

Para enriquecer

Friedman e a inflação

Visando enriquecer seus conhecimentos, vamos descrever a contribuição de Milton Friedman para a redução e o controle das taxas de inflação em muitos países do mundo (inclusive o Brasil). O professor Friedman era um homem multifacetado, tendo em vista o amplo escopo de sua atuação em vários campos da economia (e da política). Mas seus estudos sobre a política monetária e a inflação, em particular seu famoso livro *Uma história monetária dos Estados Unidos, 1867-1960* (1970), foram, certamente, um ponto alto de sua contribuição. Concluiu pela absoluta importância de o banco central controlar a oferta monetária e, assim, promover a estabilidade dos preços, o que é, sem dúvida, sua grande contribuição para o bem-estar das pessoas no mundo todo.

No Brasil, as inflações dos anos 1980 chegaram a mais que 80% ao mês, e a década de 1980 ficou conhecida, na história econômica brasileira, como a "década perdida". Foram anos de inflação altíssima, investimentos reduzidos e crescimento da renda *per capita* praticamente nulo. Mas, desde 1994, as taxas de inflação brasileiras são "civilizadas", em geral menores que 10% ao ano. Veja só a diferença de números: de 80% *ao mês* para 10% *ao ano*. De fato, a partir de 1994, o protagonismo do Bacen no combate à inflação brasileira aumentou muito. No final da década de 1990, o país adotou o regime monetário de meta de inflação, implementado pelo Bacen. Sem dúvida, Milton Friedman e seu trabalho de pesquisa, ensino e divulgação se relacionam fortemente com tal evolução.

5
O balanço de pagamentos

O balanço de pagamentos (BP) de um país é um registro sistemático das transações econômico-financeiras que ocorreram durante certo período, normalmente um ano-calendário, entre as pessoas físicas e jurídicas residentes no país e as residentes no exterior. Os princípios gerais da contabilidade são usados para fazer esses registros.

Há dois grandes tipos de transações que são consideradas: as registradas na conta-corrente do BP e as registradas na conta de capital do BP. Explicar e exemplificar os dois tipos de transações, e como interagem no mercado cambial, é o primeiro tópico a ser abordado neste capítulo.

As transações do BP são influenciadas pelas diferenças entre os preços domésticos e os preços no exterior, das mercadorias e dos serviços, e também pelos diferenciais de taxas de juros, de riscos, de expectativas, de impostos, tarifas, cotas e subsídios, pelos regimes cambiais adotados, pela evolução da renda das pessoas no país e das pessoas no exterior, e por outras variáveis também. Em síntese, há muitas influências sobre o BP, e o segundo objetivo deste capítulo é descrever e exemplificar as mais importantes. Neste contexto, a importante distinção entre taxa de câmbio nominal e real será explicada.

Finalmente, as contas do BP devem ser consideradas parte das contas nacionais do país, isto é, produto, renda, consumo, investimento, poupança, entre outros. Esse será o último tópico a ser considerado no capítulo, leitor, para explicar conceitos como o de poupança externa, reservas em divisas internacionais, dívida externa e outros similares.

A conta-corrente e a conta de capital do BP

Suponha que um residente no Brasil compre um estoque de vinhos na França. Há algumas possibilidades sobre o destino que dará aos seus vinhos. Por exemplo, ele pode trazer os vinhos para o Brasil ou deixá-los estocados na França, para envelhecimento. No primeiro caso, ele se apossou da mercadoria e encerrou a transação; no segundo caso, trouxe um documento que lhe dá direito a uma propriedade no exterior e, correspondentemente, estabelece uma obrigação do residente da França que está custodiando seus vinhos. No primeiro caso, a transação é registrada na conta-corrente do BP do Brasil, como importação de mercadorias, e da França, como exportação de mercadorias. No segundo caso, o registro se dá na conta de capital do BP, pois houve um investimento em estoque de vinhos na França, realizado pelo brasileiro. É uma saída de capital do Brasil e uma entrada de capital na França.

Vários outros exemplos de transações entre residentes no exterior e residentes no Brasil são apresentados a seguir, ilustrando a diferença entre os registros na conta-corrente e na conta de capital do BP.

- Um residente no exterior compra um terreno, ou um apartamento, ou uma fazenda, ou uma fábrica, de um residente no Brasil. O estrangeiro obtém um título da propriedade transferida do brasileiro. Tal transação deve ser registrada na conta de capital do BP brasileiro, como uma entrada de capital.
- Um estrangeiro residente no exterior compra, de residentes no Brasil, ações de uma empresa, ou empresta recursos financeiros para essa empresa, ou compra uma debênture emitida por ela, ou compra um título público emitido pelo governo brasileiro. O comprador, ou emprestador, recebe um documento que estabelece o direito que adquiriu de residentes no Brasil, seja direito à propriedade da ação, a dividendos, a controle ou não sobre a empresa, a futuros repagamentos dos recursos emprestados, a juros, e assim por diante, conforme for o caso. O registro da transação deve-se realizar na conta de capital do BP brasileiro, como entrada de capital.
- Uma empresa alemã compra carne bovina de produtores brasileiros e leva-a para a Alemanha, para beneficiamento. A empresa levou a mercadoria e a transação se encerrou. Os alemães não adquiriram direitos no

Brasil, nem os brasileiros ficaram com qualquer obrigação futura. No Brasil, a transação deve ser registrada na conta-corrente do BP como uma exportação e, na Alemanha, como uma importação.
- Um turista estrangeiro fez inúmeros gastos no Brasil: hospedagem, alimentação, entradas para concertos musicais, passeios, presentes para a família, entre outros. Ele recebeu diretamente as mercadorias, como alimentos e presentes, e os serviços, como hospedagem, concertos musicais e passeios. Não adquiriu direitos de futuros recebimentos sobre residentes no Brasil. Assim, o que gastou deve ser registrado na conta-corrente do BP brasileiro, na rubrica turismo, e é similar a uma exportação do país.
- Uma empresa sediada no Brasil envia pagamentos de juros a um banco no exterior, o qual lhe havia concedido um financiamento. Esses juros são considerados pagamentos pelos serviços do capital emprestado e, em consequência, devem ser registrados na conta-corrente do BP, como pagamento pela importação de serviços. O mesmo acontece com a remessa de lucros e dividendos para o exterior, e também com os pagamentos de *royalties*, seguros, fretes, aluguéis, entre outros. Correspondem a serviços importados e devem ser registrados na conta-corrente do BP brasileiro.
- Uma empresa sediada no Brasil amortiza parte de sua dívida com um banco no exterior. Nesse caso, a empresa não pagou pelos serviços do capital financeiro, mas repagou parte do próprio valor do principal que tomou emprestado, ou seja, comprou de volta o título ou o direito que o banco possuía. A transação é então registrada na conta de capital do BP, como saída de capital do Brasil. O mesmo aconteceria se a empresa recomprasse suas próprias ações ou cotas em mãos de estrangeiros – o registro seria na conta de capital do BP.

As doações que um residente no exterior faz a um residente no Brasil, chamadas em economia de transferências unilaterais, também são registradas na conta-corrente do BP, pois, em princípio, não geram obrigações futuras do residente do Brasil com o doador. Este não adquire direitos a serem cobrados no futuro. Assim, por exemplo, muitos brasileiros que moram e trabalham no exterior remetem recursos financeiros para seus familiares no Brasil. Essas transações são registradas na conta-corrente do BP. São transferências unilaterais para residentes no Brasil.

> **Alguns conceitos importantes:**
>
> *Exportações de bens e serviços* = bens e serviços produzidos internamente e vendidos no exterior; registradas na conta-corrente do BP.
>
> *Importações de bens e serviços* = bens e serviços produzidos no exterior e vendidos internamente; registradas na conta-corrente do BP.
>
> *Entrada líquida de capitais externos* = a compra de ativos internos por residentes no exterior menos a compra de ativos estrangeiros por residentes no país; registrada na conta de capital do BP.

Alguns tipos de transações são muito importantes em determinados países, essenciais mesmo. É o caso dos gastos turísticos na França, na Espanha e na Itália; das remessas financeiras dos mexicanos e cubanos residentes nos Estados Unidos para seus parentes nos países de origem. No Brasil, as transações mais importantes são as exportações e as importações de mercadorias e serviços e a entrada líquida de capitais externos.

Tabela 7
Brasil: balanço de pagamentos e outras contas externas
(US$ milhões de 2016)

Itens	Descrição	Contas		US$ milhões
1	**Balança comercial (FOB)**	1 = 1.1 + 1.2	Saldo	**45.037**
1.1	Exportação de bens			184.453
1.2	Importação de bens			-139.416
2	**Serviços**	2 = 2.1 + 2.2	Saldo	**-30.449**
2.1	Receitas de serviços			33.300
2.2	Despesas de serviços			-63.750
3	**Rendas primárias**	3 = 3.1 + 3.2	Saldo	**-41.055**
3.1	Receitas primárias			11.528
3.2	Despesas primárias			-52.582
4	**Rendas secundárias**	4 = 4.1 + 4.2	Saldo	**2.960**
4.1	Receitas secundárias			5.302
4.2	Despesas secundárias			-2.341
5	**Transações correntes**	5 = 1 + 2 + 3 + 4	Saldo	**-23.507**
5.1	Receitas totais	5.1 = 1.1 + 2.1 + 3.1 + 4.1		234.582
5.2	Despesas totais	5.2 = 1.2 + 2.2 + 3.2 + 4.2		-258.089
6	**Conta capital**		Saldo	**248**
7	**Conta financeira**		Saldo	**16.197**
7.1	Investimento direto líquido			71.181
8	**Erros e omissões (ajustes)**		Saldo	**7.062**

Fontes: Banco Central do Brasil/Nota para imprensa/Setor externo.BPM6/FMI.

A tabela 7 mostra o balanço de pagamentos do Brasil em 2016. A conta-corrente é composta das três grandes subcontas: balanço comercial, envolvendo a exportação e a importação de mercadorias; balanço de serviços, com a exportação e a importação de vários tipos de serviços; e as transferências. Nos últimos anos, o Brasil tem sido superavitário no balanço comercial, ou seja, o valor da exportação é maior que o da importação, e deficitário no balanço de serviços. Como resultado, a conta-corrente como um todo foi deficitária em 2016, embora tenha sido superavitária em anos anteriores, conforme você, leitor, pode ver na figura 29. Um déficit na conta-corrente significa que o valor total das exportações de bens e serviços e das transferências é inferior ao valor total das importações.

Há também a conta de capital do BP, com suas diversas subcontas especificando a natureza da entrada ou da saída de capital, sejam, por exemplo, empréstimos ou investimentos diretos. O Brasil costuma ser superavitário na conta de capital, com as entradas de capital superando as saídas, pois é um país que atrai capitais estrangeiros.

Figura 29
Brasil: saldo em conta-corrente (US$ bilhões)

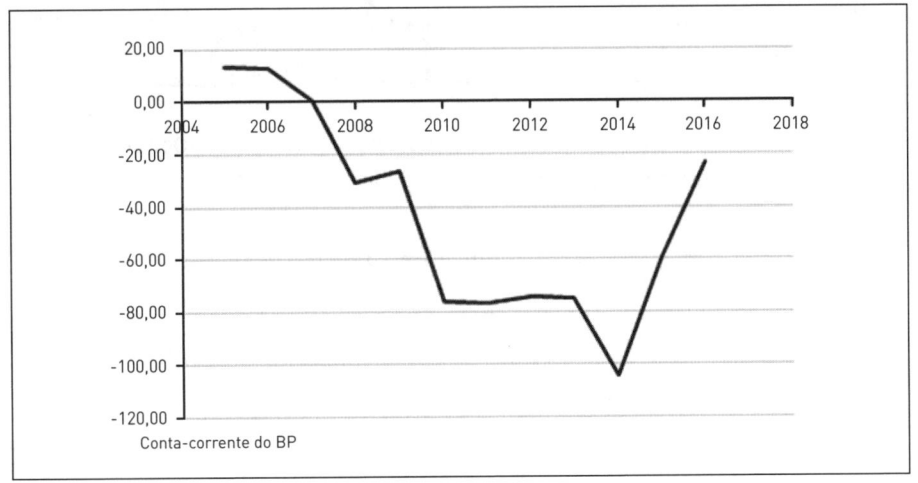

Fonte: Banco Central do Brasil. Disponível em: <www.bcb.gov.br>. Acesso em: 1º set. 2017.

Os residentes no Brasil são deficitários na conta-corrente do BP (pagam, por bens e serviços importados, mais dólares norte-americanos do que recebem do exterior pelo que exportam) e superavitários na conta de capital (recebem mais dólares, como aplicações e investimentos financeiros de estrangeiros, do que investem no exterior). Como este último superávit costuma ser maior, em valor absoluto, que o déficit em conta-corrente, há uma acumulação de dólares por parte de residentes no país, uma acumulação de reservas em divisas internacionais.

O mercado cambial

As transações registradas na conta-corrente e na conta de capital do BP, exemplificadas anteriormente, se realizam por meio das inúmeras ações dos residentes e não residentes do país, no mercado cambial, entre a moeda brasileira (R$) e as divisas estrangeiras (tipicamente US$). Por exemplo, um exportador, ao trazer suas receitas em dólares norte-americanos do exterior, oferece essa moeda no mercado cambial; um importador, para poder comprar mercadorias ou serviços no exterior, demanda dólares no mercado cambial; um estrangeiro que resolva comprar um terreno no Brasil oferece dólares no mercado cambial, para adquirir reais e comprar o terreno. Eles querem trocar dólares por reais ou vice-versa e, assim, formam a demanda e a oferta de dólares no mercado de câmbio.

> As transações econômico-financeiras entre residentes e não residentes no país se refletem no mercado cambial, por meio da demanda e da oferta de dólares norte-americanos.

Um típico gráfico da demanda e da oferta por/de dólar, similar aos gráficos do capítulo 1, ilustraria esta situação, conforme a figura 30.

Figura 30
O mercado de câmbio

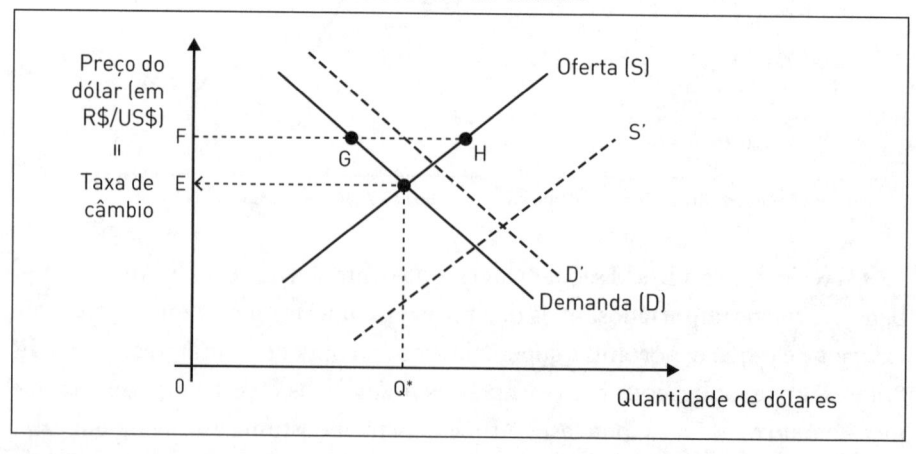

A interação das curvas de demanda (D) e de oferta (S) de dólares produz a taxa de câmbio de equilíbrio no mercado, representada pelo segmento OE na figura 30. A quantidade negociada no período aparece no eixo horizontal, como Q*. Diversos fatores podem influenciar a posição das curvas D e S na figura 30. Essas influências serão analisadas a seguir.

Fatores que influenciam as contas do balanço de pagamentos e o mercado cambial

Se ocorresse uma forte expansão da produção e da renda na economia mundial, como isso alteraria o gráfico na figura 30? A maior demanda pelas exportações brasileiras, consequente da expansão mundial, acarretaria mais vendas e mais receitas em dólares para os nossos exportadores. Logo, haveria maior oferta de dólares no mercado cambial. A curva S se alteraria para uma posição como S', tracejada na figura 30, e haveria uma queda do preço de equilíbrio do dólar norte-americano, expresso em reais, ou seja, da taxa de câmbio R$/US$, com uma desvalorização do dólar frente ao real, ou, equivalentemente, uma valorização do real frente ao dólar.

Outros exemplos de fatores que influenciam o BP são apresentados a seguir, e seus efeitos no mercado cambial podem ser ilustrados usando a mesma figura 30:

- Se houvesse um aumento da taxa de juros doméstica brasileira em relação à taxa de juros no exterior, os investidores estrangeiros trariam mais recursos para aplicar no Brasil, de modo a aproveitar os juros elevados. Necessitariam trocar dólares norte-americanos por reais. Assim, a oferta de dólares aumentaria no mercado cambial. A curva S se deslocaria para uma posição como S' na figura 30. E o real se valorizaria em relação ao dólar, ou seja, o preço do dólar em reais seria menor.
- E se houvesse um forte aumento do preço das passagens aéreas de voos domésticos no Brasil, induzindo a população residente a fazer mais turismo no exterior? O efeito na figura 30 seria deslocar a curva D, de demanda por dólares, para uma posição como D', refletindo a maior demanda por dólares por parte dos brasileiros que desejam fazer turismo no exterior. A nova taxa de câmbio de equilíbrio no mercado cambial

seria maior que OE na figura 30, isto é, haveria uma desvalorização do real em relação ao dólar norte-americano, ou seja, mais reais em troca de um dólar.

A demanda e a oferta no mercado cambial podem ser afetadas também pela atuação do governo, comprando ou vendendo divisas estrangeiras, normalmente via banco central.

O mercado cambial e a atuação do governo (política cambial)

Como o governo brasileiro deveria atuar no mercado cambial se resolvesse incentivar as exportações do país, promovendo uma mudança na taxa de câmbio R$/US$?

Em primeiro lugar, essa mudança cambial deveria ocorrer no sentido de desvalorizar o real em relação ao dólar norte-americano, isto é, de mais reais em troca de um dólar. Isso porque, por exemplo, se vendesse sua mercadoria no exterior por US$ 1.000 e trocasse estes dólares à taxa de câmbio de R$ 3/US$, o exportador brasileiro obteria R$ 3.000. Se trocasse a R$ 4/US$, obteria R$ 4.000. Assim, a taxa de câmbio R$ 4/US$ lhe traria um maior faturamento em reais para cobrir seus custos (que normalmente seriam em reais, pois produziu a mercadoria no Brasil) e obter maior lucro.

O incentivo ao exportador, leitor, consistiria, portanto, em desvalorizar o real frente ao dólar, em elevar o valor da taxa de câmbio R$/US$. Para obter esse efeito, o Banco Central do Brasil poderia comprar dólares no mercado cambial, deslocando a curva de demanda D para uma posição como D' na figura 30. Compraria os dólares norte-americanos e aumentaria suas reservas em divisas internacionais. A figura 31 mostra a evolução das reservas em divisas internacionais do Banco Central no Brasil.

O comportamento do governo de determinado país, normalmente por intermédio de seu banco central, no mercado cambial envolvendo a moeda do país e a moeda divisa internacional é chamado de "regime cambial do país". Há vários possíveis regimes cambiais, mas, classicamente, se consideram dois extremos: regime de taxa de câmbio fixa e regime de taxa de câmbio flutuante.

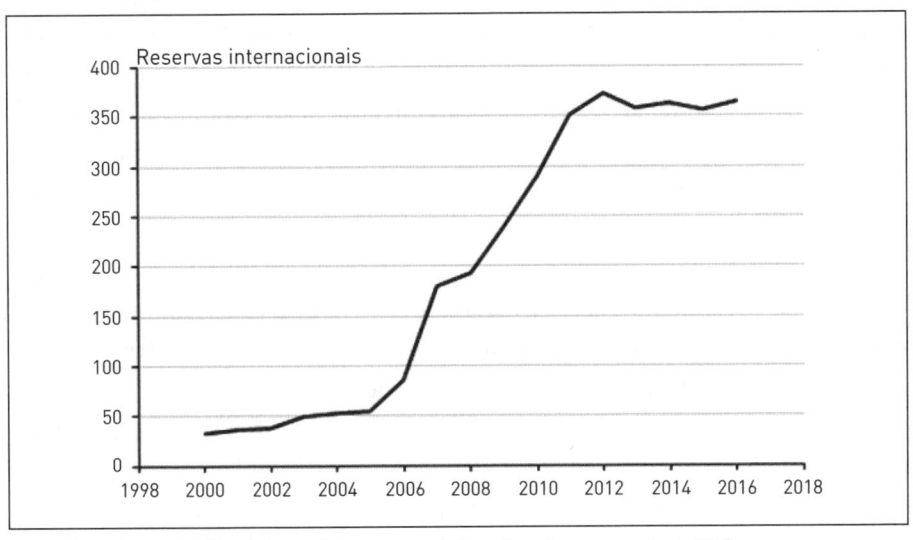

Figura 31
Brasil: reservas em divisas internacionais (US$ bilhões)

Fonte: Banco Central do Brasil. Disponível em: <www.bcb.gov.br>. Acesso em: 1º set. 2017.

Os regimes cambiais básicos (taxa fixa e taxa flutuante)

A figura 30, mostrando as curvas de demanda D e oferta S de dólares no mercado cambial, pode ser usada também para ilustrar como funcionaria um regime cambial de taxa fixa. Considere a situação inicial na qual as curvas de demanda e de oferta de dólares norte-americanos são representadas pelas linhas cheias D e S. O valor da taxa de câmbio de equilíbrio de mercado corresponderia ao segmento OE, no eixo vertical. Se o governo desejasse fixar e manter a taxa de câmbio no valor correspondente a OF, no eixo vertical, precisaria comprar o excesso de oferta de dólares representado pelo segmento horizontal GH, na figura 30. Por outro lado, se fixasse a taxa de câmbio num valor menor que OE, haveria um excesso de demanda por dólares, o qual teria de ser suprido pelas reservas em dólar do banco central. Observe que, se a posição das curvas D e S não se alterasse com o tempo, haveria um fluxo contínuo de dólares a serem comprados ou vendidos pelo governo, período após período, caso este desejasse manter fixa a taxa de câmbio acima ou abaixo de OE.

O governo chinês tem atuado, nos últimos anos, no mercado cambial entre o iuan e o dólar, comprando dólares e acumulando reservas em divisas internacionais, as quais ultrapassam o valor de US$ trilhões. Tal atuação evita que a moeda chinesa, o iuan, se valorize em relação ao dólar e prejudique os exportadores do país. Assim, a China mantém seu superávit em conta-corrente, contrapartida do déficit em conta-corrente dos Estados Unidos e de outros países, sem que a taxa cambial iuan *versus* dólar norte-americano se altere para equilibrar a situação.

Se a China, por meio de seu governo, não comprasse grandes quantidades de dólares norte-americanos no mercado iuan *versus* dólares, certamente sua moeda se valorizaria refletindo a situação superavitária do BP chinês. O grande superávit chinês, e o correspondente déficit do resto do mundo com a China, inclusive do Brasil, tenderia a ser corrigido. E os chineses teriam menor capacidade de penetrar com seus produtos em mercados do mundo inteiro, como fazem atualmente devido à sua moeda desvalorizada.

Em síntese, leitor, as intervenções dos governos nos mercados de câmbio, comprando ou vendendo moedas e fixando as taxas cambiais, podem impedir que os desequilíbrios de BP sejam corrigidos. Em um regime cambial flutuante de livre mercado, tais intervenções inexistem ou são reduzidas, e essa é uma vantagem desse tipo de regime cambial: as variações cambiais no mercado costumam ser equilibradoras dos balanços de pagamentos.

Por outro lado, um mercado cambial inteiramente livre de intervenções do banco central pode estar sujeito a efeitos especulativos intensos, sobretudo se houver diferenciais de taxas de juros que estimulem a entrada de capitais financeiros no país. É o que vem acontecendo no Brasil desde o início do século XXI. As taxas de juros no país têm sido elevadas em relação às taxas de juros no exterior, valorizando o real e, em consequência, prejudicando as exportações brasileiras.

A valorização cambial da moeda brasileira, decorrente dos juros domésticos elevados, tem sido uma preocupação constante do governo brasileiro, o qual, além de atuar no mercado cambial, tem adotado medidas de restrição à entrada de capitais financeiros do exterior para diminuir a oferta de dólares norte-americanos no mercado cambial e aumentar sua cotação.

A taxa de câmbio real

Suponha que uma empresa exportadora brasileira vendesse, no exterior, cada unidade de seu produto ao preço de U$ 100. Sua receita em reais, por unidade vendida, supondo a taxa de câmbio 1 R$/US$, seria de R$ 100. Se o custo unitário de produção fosse de R$ 70, o lucro do exportador por unidade vendida seria de R$ 30; seu custo marginal seria também de R$ 100, se fosse uma empresa competitiva (veja o capítulo 2).

Se houvesse uma inflação doméstica de 10% por período, para manter seu ganho em termos reais, isto é, com o mesmo poder de compra inicial em moeda doméstica, o exportador deveria ter o lucro de R$ 33 por unidade no período seguinte. Por causa da inflação, seus custos médio e marginal aumentariam, respectivamente, para R$ 77 e R$ 110, ou seja, 10% a mais, e se a taxa de câmbio se alterasse para 1,1 R$/US$, 10% a mais também, a quantia de US$ 100 se transformaria em R$ 110 após a venda dos dólares norte-americanos no mercado cambial. Em consequência, o lucro unitário seria mantido, em termos de poder de compra, pois:

Lucro unitário = US$ 100 × 1,1 R$/US$ − R$ 77 = R$ 33.

O custo marginal maior, R$ 110, seria igual ao preço expresso em reais (US$ 100 × 1,1 R$/US$ = R$ 110). Assim, o exportador estaria exatamente na mesma condição que antes, em termos reais.

E se houvesse também uma inflação no exterior, de 4% por período, por exemplo, de modo que o preço do produto, em dólares, aumentasse para US$ 104? Para que o exportador mantivesse o mesmo ganho, em termos de poder de compra na moeda doméstica (reais), deveria obter um lucro unitário de R$ 33, pois a inflação doméstica continuou sendo de 10%. Para que isso acontecesse, a taxa de câmbio deveria se alterar para [1 × (110/104)] R$/US$, pois, desse modo:

Lucro unitário = US$ 104 × [1 × (110/104)] R$/US$ − R$ 77 = R$ 33.

O preço expresso em R$ seria: US$ 104 × [1 × (110/104)]R$/US$ = R$ 110, portanto igual ao custo marginal.

Em síntese, leitor, no caso de haver inflação interna (10%) e externa (4%), para manter o exportador exatamente na mesma condição real em que estava inicialmente, a taxa de câmbio deveria variar de 1 R$/US$ para [1 × 110/104] R$/US$ = 1,0577 R$/US$.

O índice de preços domésticos aumentou de 100 para 110, e o índice de preços no exterior de 100 para 104, pois a inflação interna foi de 10% e a externa de 4%. Se a taxa de câmbio aumentasse para 1,0577 R$/US$, aproximadamente um aumento de 6%, este sendo o diferencial numérico simples entre os percentuais de inflação interna e externa, poderíamos dizer que houve uma desvalorização nominal da moeda brasileira, com mais reais por dólares norte-americanos, mas que não houve uma desvalorização real, apenas um ajuste pelas inflações. Afinal, a posição real do exportador, ou seja, o poder de compra do que ganhou, é a mesma que no período inicial.

Se a taxa de câmbio aumentasse apenas para 1,04 R$/US$, teria ocorrido uma desvalorização nominal e uma valorização real da moeda brasileira. E se mudasse para 1,08 R$/US$, teriam ocorrido desvalorizações nominal e real da moeda brasileira. Neste último caso, qual seria o percentual da desvalorização real? O cálculo a ser feito é [(1,08 − 1,0577) / 1,0577] = 2,2%, que é a diferença percentual da taxa de câmbio 1,08 em relação ao valor 1,0577, o qual manteria a situação cambial inalterada em termos reais.

De modo geral, uma política cambial que mantenha a taxa de câmbio real constante mantém constante, período após período, a expressão:

$$\text{Taxa de câmbio nominal} \times \frac{\text{índice de preço interno}}{\text{índice de preço externo}}$$

As desvalorizações cambiais reais estimulam as exportações, pois aumentam o ganho real do exportador, mas se a desvalorização cambial for apenas nominal, isso não acontecerá.

O raciocínio apresentado anteriormente, examinando a situação do exportador brasileiro para determinar a taxa de câmbio real, poderia ser realizado considerando a situação do importador brasileiro. O resultado numérico final seria o mesmo, concluindo-se, simetricamente, que as desvalorizações cambiais reais da moeda do país desestimulam suas importações.

> A taxa de câmbio nominal é a taxa à qual uma pessoa pode trocar a moeda de um país pela de outro.
>
> A taxa de câmbio real é a taxa à qual uma pessoa pode trocar os bens e serviços de um país pelos bens e serviços de outro.

A respeito do balanço de pagamentos de um país, precisamos considerar também, leitor, como suas contas interagem com o resto da economia, ou seja, como interagem com os grandes agregados macroeconômicos, PIB, consumo, investimento e assim por diante. É o que veremos a seguir.

As contas nacionais e o balanço de pagamentos

Suponha que um país produza um valor total de 100, de bens e serviços (PIB real = 100) e importe 120, também de bens e serviços, num certo período. O total de bens e serviços disponíveis no país seria de 220 (= 100 + 120). Ele poderia destinar esse total, por exemplo, da seguinte forma: 110 às exportações, 80 ao consumo doméstico de sua população e 30 para serem incorporados como bens de investimento ao seu parque produtivo. É possível sintetizar a situação por meio da seguinte equação:

$$\underbrace{\underset{PIB}{100} + \underset{Importações}{120}}_{\text{Total de bens e serviços disponíveis}} = \underbrace{\underset{Exportações}{110}}_{\substack{\text{Bens e serviços} \\ \text{destinados ao} \\ \text{mercado externo}}} + \underbrace{\underset{Consumo}{80}}_{\substack{\text{Bens e serviços} \\ \text{destinados ao} \\ \text{consumo da} \\ \text{população}}} + \underbrace{\underset{Investimento}{30}}_{\substack{\text{Bens e serviços} \\ \text{a serem} \\ \text{incorporados ao} \\ \text{parque produtivo}}}$$

Essa equação pode ser reescrita como:

(PIB − consumo) + (importações − exportações) = investimento

O termo PIB − consumo costuma ser chamado de poupança interna. É a parte da produção doméstica que a população não consumiu. O termo importações − exportações de bens e serviços correspondendo ao déficit da conta-corrente do BP costuma ser chamado de poupança externa. É o que o país recebeu liquidamente de bens e serviços do resto do mundo, naquele período. Então, a equação ficaria sendo:

Poupança interna + poupança externa = investimento

Ou seja, para investir e aumentar sua capacidade de produção, uma economia usa a parte que não consome de seu PIB (poupança interna) mais o que recebe liquidamente de bens e serviços do exterior (poupança externa). Em síntese, para aumentar sua capacidade produtiva, com crescimento do PIB potencial, o país precisa lançar mão ou da poupança interna, ou da externa ou de ambas.

Os números das contas nacionais, inclusive do BP, podem ser combinados de diversas maneiras, ilustrando casos que correspondem, aproximadamente, ao que acontece em alguns países no mundo atual. Por exemplo:

1) Suponha um país no qual:
   - PIB = 100;
   - importação = 15;
   - exportação = 20;
   - consumo = 50;
   - investimento = 45.

Na China, do final do século XX e início do XXI, a situação é similar à descrita pelos números acima. A poupança interna é muito grande em relação ao PIB (50%), devido ao baixo consumo da população. Isto permitiu ao país exportar mais bens e serviços do que importa, isto é, enviar liquidamente bens e serviços para o exterior e, ainda assim, investir no seu parque produtivo um percentual bem elevado do PIB (45%). Em consequência, há um grande aumento do parque produtivo e um crescimento contínuo e acentuado do PIB potencial da economia chinesa.

A poupança externa entrante na China é negativa, com superávit na conta-corrente do BP, o que parece contrário à ideia intuitiva de que há muito investimento estrangeiro fluindo para a China. E, de fato, vultosos capitais financeiros vêm entrando liquidamente na China. Essas divisas internacionais são compradas pelo governo chinês, usando seus iuans. O governo acumula reservas em divisas estrangeiras, e os investidores estrangeiros – que recebem os iuans correspondentes aos dólares do capital financeiro que trouxeram – adquirem máquinas e equipamentos na própria China, para montar suas fábricas. A entrada de capital financeiro não se traduz em importações líquidas de máquinas e equipamentos, ou seja, de capital físico, nem de bens ou serviços de consumo. Simplesmente acarreta acumulação de reservas.

Em geral, a entrada líquida de capital financeiro não corresponde necessariamente à entrada de bens e serviços em um país. De fato, a China tem crescido investindo a partir de sua enorme poupança interna, e os capitais estrangeiros entrantes, registrados na conta de capital do BP, se transformaram em reservas de divisas internacionais dos residentes na China, sobretudo de seu governo.

2) Suponha, leitor, um país no qual:
   - PIB = 100;
   - importação = 20;
   - exportação = 15;
   - consumo = 90;
   - investimento = 10.

Nos Estados Unidos modernos, a situação pode ser tipificada por números como esses. A poupança interna é pequena (10%), considerada como percentual do PIB e quando comparada à de outros países. Mas a entrada de poupança externa é significativa. Há um déficit em conta-corrente há muitos anos, financiado pela emissão de títulos do Tesouro dos Estados Unidos, que se acumulou em uma dívida pública vultosa. Felizmente para os Estados Unidos, as taxas de juros reais, isto é, descontada a inflação do dólar, aplicadas sobre essa dívida, têm sido pequenas, nulas ou até mesmo negativas.

De qualquer forma, como percentual do PIB, o total de investimento nos Estados Unidos é pequeno (15%), e o aumento da produtividade é um fator relevantíssimo no crescimento econômico americano.

3) Suponha agora, leitor, uma situação na qual:
   - PIB = 100;
   - importação = 15;
   - exportação = 13;
   - consumo = 82;
   - investimento = 20.

Esses números refletem, aproximadamente, o caso brasileiro, pois a poupança externa é pequena (2% do PIB) e, como na China, a entrada líquida de capitais financeiros se traduz em crescentes reservas de divisas internacionais. A poupança interna, como percentual do PIB (18%), é muito menor que a chinesa, mas bem maior que a dos Estados Unidos. Um aumento permanente e sustentado das taxas de crescimento da economia brasileira, do seu PIB potencial, necessitaria de uma expansão da poupança interna ou da poupança externa.

Em qualquer país o custo de aumentar a poupança interna é o sacrifício do consumo presente da população. A poupança externa também tem custo, pois é preciso pagar juros e dividendos para os capitais financiadores do déficit em conta-corrente. E sempre há riscos, pois a entrada líquida de capitais financeiros pode cessar, devido a alguma instabilidade econômica no mundo, deixando o país com déficit em conta-corrente e sem financiamento para o mesmo.

Enfim, promover o crescimento de uma economia tem custos e implica escolhas a serem feitas. Caso se deseje acelerar o crescimento brasileiro, qual será a proporção a escolher entre a poupança interna e a externa? No caso de aumentar a poupança interna, como ocorrerá a redução do consumo presente? Qual o grupo ou classe social no Brasil que terá seu consumo diminuído? São os problemas da política econômica de crescimento no longo prazo.

> O saldo em conta-corrente do BP corresponde à entrada líquida de bens e serviços no país. É a poupança externa. O "não consumo" interno, isto é, a poupança interna, somada à poupança externa, possibilita o investimento e o crescimento.

Neste capítulo, leitor, vimos como as transações dos residentes no país com os residentes do exterior são registradas, como influenciam e são influenciadas pelas demais variáveis econômicas. Vimos o funcionamento do mercado cambial e exploramos conceitos como o de câmbio real. Também examinamos como as variáveis do BP se combinam com o PIB, o consumo e o investimento.

O processo de globalização econômica e financeira consiste precisamente no aumento da importância dessas transações com o exterior em muitos países do mundo, tendo em vista o menor custo de transporte internacional de mercadorias e pessoas, a redução dos custos de comunicação e assim por diante. Logo, o conhecimento dos conceitos básicos ligados ao BP é imprescindível para os que desejam entender a situação econômica. As referências bibliográficas no final do livro o ajudarão, leitor, a se aprofundar no assunto. A seguir, alguns exercícios que poderão ser úteis para sua compreensão.

Exercícios

1) As transações descritas abaixo seriam registradas na conta-corrente ou na conta de capital do BP do Brasil?
   - Um residente no Brasil vende uma escultura para um estrangeiro, e a entrega da escultura é realizada.

- Um brasileiro, morando e estudando no Japão, recebe recursos de seus pais, residentes no Brasil.
- Um residente no exterior atua na bolsa de São Paulo e compra ações de residentes no Brasil.

2) Qual seria o efeito no mercado cambial e, portanto, sobre a taxa de câmbio de equilíbrio, de uma expansão da renda no Brasil decorrente de um aumento da demanda interna no país?

3) Qual seria o efeito no mercado cambial e, portanto, sobre a taxa de câmbio de equilíbrio, de uma expansão da renda no Brasil decorrente de um aumento da demanda externa por produtos brasileiros?

4) Se houvesse uma grande expansão monetária de dólares, devido à atuação do banco central norte-americano, qual seria seu o efeito sobre a cotação R$/US$?

5) Por que, num regime cambial de taxa fixa, o governo do país necessitaria ter reservas substanciais em divisas estrangeiras?

6) Existe algum país no mundo cujas exportações excedam seu PIB?

7) Explique cuidadosamente como a entrada de poupança externa num país pode ser nula e, ainda assim, a entrada líquida de capitais financeiros, registrada na conta de capital do seu BP, ser fortemente positiva.

8) Se a inflação doméstica brasileira fosse de 6% a.a. e no Japão houvesse uma deflação de 3% a.a., qual seria o percentual de variação da taxa de câmbio nominal R$/¥ que manteria constante a taxa de câmbio real entre os dois países?

Os problemas econômicos de balanço de pagamentos são antigos e alimentaram a escola dos chamados economistas mercantilistas. A eles se opunha Adam Smith, considerado por muitos o pai da economia moderna pela sua obra de síntese do pensamento econômico vigente em sua época.

Breve nota biográfica: *Adam Smith (1723-1790)*

Filósofo e economista escocês educado nas universidades de Glasgow e Oxford e, posteriormente, professor de filosofia moral em Glasgow. Seu livro *A riqueza das nações* (1776) foi o primeiro tratado exaustivo de economia, cobrindo a teoria da produção e da distribuição e concluindo com recomendações de política econômica. Sua principal preocupação era com o crescimento econômico, o qual atribuía à divisão do trabalho propiciada pelas trocas nos mercados e ao consequente aumento da produtividade. Embora defendesse o *laissez-faire* como política econômica básica, Smith propôs a intervenção estatal em várias situações, por exemplo, se houvesse necessidade de proteção tarifária para as indústrias nascentes. Criticou extensamente os economistas mercantilistas (que defendiam a proteção tarifária geral e a obtenção de superávits comerciais) e os fisiocratas (que pregavam ser a agricultura a única fonte de toda a riqueza). Tinha interesses intelectuais filosóficos e escreveu também sobre moral e ética.

Para enriquecer

Adam Smith e os padeiros

Com o objetivo de ampliar seu conhecimento a respeito de Adam Smith, vale registrar que ele é considerado o pai da economia moderna. Adam era um escocês com os dois pés no chão. Seu livro mais famoso, *A riqueza das nações*, é um manancial de casos do dia a dia, bem inteligíveis para a pessoa comum. Por exemplo, ele se pergunta: Por que os padeiros costumam acordar às 4 da manhã para produzir pão fresco para seus clientes matutinos? Será que eles gostam de acordar cedo? Ou será por causa da regulação governamental das padarias? Não, não mesmo. É porque há muitos outros padeiros competindo pelos clientes, e se qualquer deles vender pão dormido, perderá toda a clientela. Aí está explicada, de forma simples e convincente, a importância social da competição entre os produtores. Quando competem, servem melhor as pessoas; se houvesse uma única padaria, um monopólio de pães, talvez comer pão dormido fosse a norma.

O comércio internacional tem aumentado a taxas maiores que os PIBs dos países no mundo. Uma razão fundamental é a redução do custo de transporte, devido ao uso de *containers* e navios de grande capacidade (tonelagem), como se vê na foto a seguir, da entrada do porto de Itajaí (SC).

6
As vantagens comparativas e o comércio internacional

O comércio internacional é um tema de grande importância no mundo atual, pois o custo de transporte de mercadorias e pessoas e o custo de comunicação entre as pessoas em diferentes países têm sofrido reduções extraordinárias. Em consequência, a taxa de crescimento real do comércio internacional tem sido substancialmente maior que a taxa de crescimento dos PIBs reais dos diversos países, desde o fim da Segunda Guerra Mundial. O mundo está se tornando, em termos de comunicação, uma "aldeia global", para usar uma expressão de McLuhan; e as cadeias produtivas internacionais ou mundialização dos mercados, inclusive varejista, é uma tendência marcante.

Neste capítulo, abordaremos a teoria das vantagens comparativas, pedra fundamental da teoria do comércio internacional, analisando aspectos da evolução da interdependência econômica das nações. O conceito de vantagem comparativa é ligado visceralmente ao de custo de oportunidade. A cada escolha que fazemos, estamos abrindo mão de algo. O valor da melhor alternativa à escolha feita é o custo de oportunidade dessa escolha. Esse é o conceito fundamental no entendimento da teoria do comércio internacional e das vantagens comparativas.

> O custo de oportunidade de uma escolha é o valor da melhor alternativa de que abrimos mão ao fazer a escolha.

A teoria das vantagens comparativas

Com frequência, nos deparamos, na imprensa especializada, com argumentos contra a abertura e ampliação do comércio exterior de nosso país, os quais enfatizam que não há possibilidades, para países mais atrasados, de ganhos decorrentes do comércio internacional. Isso porque a economia dos países menos desenvolvidos, por terem, em praticamente todos os setores, menor produtividade do que as economias avançadas, sairiam perdendo com a abertura das trocas internacionais.

Esse argumento comete o erro de confundir o conceito de vantagem absoluta com o de vantagem comparativa.

> - Ter vantagem absoluta na produção de algum bem ou serviço é ter maior produtividade.
> - Ter vantagem comparativa na produção de algum bem ou serviço é ter menor custo de oportunidade

Para explicar o assunto, imaginemos, por exemplo, dois países que chamaremos de A e B, os quais produzem dois bens: tecido e vinho. Utilizando como único recurso o tempo de sua mão de obra para a produção, suponha que:

- os trabalhadores do país A necessitam de uma hora de trabalho para produzir 1.000 metros de tecido e oito horas para produzir 1.000 litros de vinho;
- os trabalhadores do país B necessitam de 20 horas de trabalho para produzir 1.000 metros de tecido e 10 horas para produzir 1.000 litros de vinho.

Os trabalhadores de A têm maior produtividade nos dois produtos, pois produzem mais vinho e tecido por hora de trabalho. Dizemos então que o país A possui *vantagem absoluta* na produção de vinho *e* na produção de tecido.

Mas, e quanto à vantagem comparativa? Para saber quem tem vantagem comparativa em cada produto, tecido ou vinho, precisamos calcular o custo de oportunidade, em cada país, da produção de tecido e de vinho.

No caso, o custo de oportunidade é o que se deixa de produzir de certo bem quando se opta por alocar o recurso disponível (no nosso exemplo, a hora de trabalho) na produção do outro bem. Assim:

1) *Custo de oportunidade na produção de 1.000 metros de tecido:*
    - *No país A*. Para produzir 1.000 metros de tecido, o país A utiliza uma hora. Como A gasta oito horas para produzir 1.000 litros de vinho, nessa uma

hora utilizada na produção de tecido ele estaria *deixando de produzir* 125 litros de vinho. Assim, o custo de oportunidade para o país A na produção de 1.000 metros de tecido é 125 litros de vinho.
- *No país B*. Para produzir 1.000 metros de tecido, o país B utiliza 20 horas. Como B gasta 10 horas para produzir 1.000 litros de vinho, nessas 20 horas utilizadas na produção de tecido ele estaria *deixando de produzir* 2.000 litros de vinho. Assim, o custo de oportunidade para o país B na produção de 1.000 metros de tecido é 2.000 litros de vinho.

Chegamos à conclusão de que o país A tem menor custo de oportunidade do que B na produção de tecido, ou seja, *o país A possui vantagem comparativa na produção de tecido*.

2) *Custo de oportunidade na produção de 1.000 litros de vinho:*
- *No país A*. Para produzir 1.000 litros de vinho, o país A utiliza oito horas de trabalho. Como A gasta uma hora para produzir 1.000 metros de tecido, nessas oito horas utilizadas na produção de vinho estaria *deixando de produzir* 8.000 metros de tecido. Assim, o custo de oportunidade para o país A na produção de 1.000 litros de vinho é 8.000 metros de tecido.
- *No país B*. Para produzir 1.000 litros de vinho, o país B utiliza 10 horas de trabalho. Como B gasta 20 horas para produzir 1.000 metros de tecido, nessas 10 horas utilizadas na produção de vinho estaria *deixando de produzir* 500 metros de tecido. Assim, o custo de oportunidade para o país B na produção de 1.000 litros de vinho é 500 metros de tecido.

Chegamos à conclusão de que o país B tem menor custo de oportunidade do que o país A na produção de vinho, ou seja, *o país B possui vantagem comparativa na produção de vinho*.

Apesar de A possuir vantagem absoluta nos dois produtos, A possui vantagem comparativa na produção de tecido e B possui vantagem comparativa na produção de vinho. Se um país tiver menor custo de oportunidade na produção de certo bem, seu parceiro comercial terá menor custo de oportunidade na produção do outro bem. É praticamente impossível que um país tenha vantagem comparativa em todos os produtos (um caso raro seria se as produtividades em vinho e em tecido fossem exatamente iguais nos dois países, o que inviabilizaria as trocas entre eles).

Enfim, chegamos à seguinte conclusão:

> Haverá ganhos com a especialização na produção e nas trocas voluntárias de tecido e vinho entre os dois países. Os países devem se especializar na produção do bem no qual têm vantagem comparativa, e obter o outro bem, para seu consumo, por meio de trocas (comércio internacional).

Os ganhos decorrentes do comércio

Vamos imaginar uma negociação comercial na qual A envie 3.000 metros de tecido a B, em troca de 1.000 litros de vinho. Será que os dois países estão obtendo ganhos com essa troca?

Para verificarmos se acontecem ganhos com o comércio, vamos supor que os países não negociem e ambos produzam os dois produtos, não havendo trocas.

Se o país A resolver produzir os 1.000 litros de vinho, utilizará oito horas de trabalho. Com essas oito horas, ele poderia produzir 8.000 metros de tecido. Desse modo, é mais conveniente utilizar essas oito horas para produzir os 8.000 metros de tecido e trocar 3.000 metros pelos 1.000 litros de vinho. O comércio permitiria que A ficasse com 5.000 metros de tecido e 1.000 litros de vinho, claramente um resultado superior ao que obteria se não houvesse trocas.

Poderíamos argumentar que isso acontece porque A tem mais produtividade nos dois produtos e apenas A ganharia. Mas vamos analisar a situação do país B.

Se o país B resolver produzir os 3.000 metros de tecido utilizará 60 horas. Com essas 60 horas, ele poderia produzir 6.000 litros de vinho. Assim, é mais conveniente utilizar essas 60 horas para produzir os 6.000 litros de vinho e trocar 1.000 litros pelos 3.000 metros de tecido. O comércio permitiria que B ficasse com 5.000 litros de vinho e 3.000 metros de tecido, claramente um resultado superior ao caso sem trocas.

Percebemos que, no nosso exemplo, o país B, que possui menor produtividade em ambos os produtos, também obtêve ganhos com o comércio. Essa possibilidade contradiz os argumentos contra o comércio, os quais focam erroneamente nas vantagens absolutas e não nas vantagens comparativas.

A origem da teoria das vantagens comparativas

A teoria do livre comércio e a teoria das vantagens comparativas têm suas origens nos trabalhos de Adam Smith e David Ricardo.

O economista escocês Adam Smith escreveu o livro *A riqueza das nações* em 1776, no limiar da Revolução Industrial inglesa. Sua obra é apontada como um marco na análise do comércio e da interdependência econômica. Muitos economistas consideram Adam Smith o fundador da moderna ciência econômica. Eis o argumento que apresenta n'*A riqueza das nações*:

> Eis uma máxima que todo chefe de família prudente deve seguir: nunca tentar fazer em casa aquilo que seja mais caro fazer do que comprar. O alfaiate não tenta fabricar seus sapatos, mas os compra do sapateiro. Este não tenta confeccionar seu traje, mas recorre ao alfaiate. O agricultor não tenta fazer nem um nem outro, mas se vale desses artesãos. Todos consideram que é mais interessante usar suas capacidades naquilo que têm vantagem sobre seus vizinhos e comprar, com parte do resultado de suas atividades, aquilo [de] que venham a precisar.

David Ricardo é o autor do ensaio econômico *A teoria das vantagens comparativas*, apresentado ao Parlamento inglês em 1817.

Ricardo usou seu modelo para defender o livre comércio, particularmente o fim de tarifas que restringiam as importações de alimentos na Inglaterra. A conjuntura política e econômica na qual David Ricardo apresentou seu modelo está descrita a seguir.

Desde o início da Revolução Francesa, em 1789, até a derrota de Napoleão em Waterloo, em 1815, a Inglaterra esteve quase que continuamente em guerra com a França. Após conquistar os principais países da Europa continental, Napoleão impôs um bloqueio continental ao comércio com a Inglaterra: corsários (piratas financiados pelo governo francês) atacavam e invadiam embarcações, bloqueando os bens ingleses. A longa guerra interferiu nas trocas.

Dado que a Inglaterra, primeiro país a se industrializar, era exportadora de produtos manufaturados e importadora de produtos agrícolas, essa limitação ao comércio encolheu a oferta de alimentos na Inglaterra, aumentando o preço de produtos agrícolas e valorizando as terras naquele país. Já as manufaturas inglesas foram prejudicadas, ficando somente com o mercado interno para ofertar seus produtos, que tiveram seus preços depreciados. Os proprietários de terra prosperaram durante o longo período de guerra e, mesmo sendo ingleses, foram bastante beneficiados pelo "protecionismo" decorrente do bloqueio continental de Napoleão.

Após a guerra, o comércio se restabeleceu, fazendo os preços dos alimentos na Inglaterra caírem. Para evitar a diminuição dos lucros, os proprietários de terra politicamente influentes apoiaram no Parlamento inglês a promulgação de leis que estabeleceriam tarifas sobre a importação de grãos (*corn laws*). Essa barreira tarifária substituiria a proteção à agricultura inglesa proporcionada pelo bloqueio de Napoleão.

David Ricardo argumentou contra essas *corn laws* no Parlamento inglês (ele era membro do Parlamento). Ele estava ciente de que a não adoção das tarifas favoreceria a indústria e prejudicaria a agricultura, inclusive os influentes proprietários de terra. Ricardo convenceu seus pares a votarem contra as tarifas e por uma abertura maior da economia inglesa, apresentando o modelo das vantagens comparativas que vimos anteriormente. Ele, certamente, representava os interesses dos industriais e operários das manufaturas, mas enfatizava em sua teoria *os ganhos da nação como um todo*. Tal estratégia de Ricardo certamente justifica o uso da expressão "economia política" para descrever os argumentos econômicos utilizáveis para basear as políticas do governo.

O modelo das vantagens comparativas é considerado um dos mais brilhantes ensaios da economia. No nosso exemplo, a única razão para as vantagens comparativas é o diferencial de produtividade entre os trabalhadores dos dois países. Mas as mais modernas teorias de comércio nacional estabeleceram teórica e empiricamente que as vantagens comparativas entre os países podem decorrer de outras razões, tais como: diferenças na disponibilidade de recursos naturais, abundância relativa de capital, de mão de obra qualificada e não qualificada, acesso a tecnologia, acesso a mercados, além de poder de mercado e de economias de escala na produção.

Sobre perdedores e ganhadores

Se o livre comércio traz benefícios para a nação como um todo, por que se verificam tantos protestos contra a abertura da economia e presenciamos uma guerra aparentemente infindável entre os que preferem o livre comércio e os que defendem o protecionismo?

O motivo principal é que, apesar do ganho para o país como um todo, a abertura de uma economia gera internamente perdedores e ganhadores. A abertura ao comércio altera o preço relativo dos diversos bens da economia, aumentando o preço dos bens que são exportados e reduzindo o preço dos bens que são importados. Assim, os fatores de produção utilizados mais intensivamente nos setores exportadores têm sua remuneração aumentada com a abertura comercial. E os fatores de produção utilizados mais intensivamente nos setores importadores perdem em relação à situação sem comércio.

> A abertura da economia para o comércio distribui renda em favor dos fatores de produção utilizados nos setores em que aquela economia possui vantagens comparativas.

Os donos de terra e os trabalhadores rurais da época de David Ricardo não devem ter ficado felizes com a revogação das *corn laws*, mesmo que isso fosse benéfico para a Inglaterra como um todo. Os indivíduos geralmente visam o bem-estar próprio. Os empresários e os trabalhadores de setores que se sentem prejudicados pela concorrência de bens ou serviços importados do estrangeiro, via de regra, protestam e usam sua influência política buscando protecionismo.

De fato, as restrições às importações aumentam os ganhos dos empresários e dos trabalhadores dos setores protegidos. Já os consumidores dos bens e serviços produzidos por estes setores pagam mais caro do que se houvesse maior oferta de importados. Se o setor protegido fornece máquinas, equipamentos e tecnologia, outros setores verão seu desenvolvimento e produtividade restringidos pelo aumento de preço das máquinas e, em casos extremos, pela impossibilidade de acesso ao produto estrangeiro. A lei de informática no Brasil, que restringia o acesso de empresas e cidadãos brasileiros a computadores e outros bens e serviços de tecnologia de informação, criou um sério obstáculo à competitividade brasileira em vários setores. Recentemente, a produção de petróleo também no Brasil, pela Petrobras e por outras empresas do setor, se viu prejudicada pelas restrições à importação de equipamentos estrangeiros necessários à extração de petróleo.

> Quando um país abre seu mercado se tornando exportador de um bem, os produtores nacionais desse bem ficam em melhor situação. Já os consumidores internos pagam mais pelo bem.
>
> Quando um país abre seu mercado se tornando importador de um bem, os produtores nacionais desse bem ficam em pior situação. Já os consumidores internos pagam menos pelo bem.
>
> Em ambos os casos, o total de ganhos de uns tende a superar o total de perdas de outros. É o que mostra o raciocínio das vantagens comparativas.

Formas de protecionismo

Modernamente, muitos economistas defendem o livre comércio. Os governos centrais, embora normalmente proíbam o protecionismo entre os diversos estados, províncias e regiões do próprio país (é o caso do Brasil), procurando alcançar a máxima eficiência de produção interna, se tornam protecionistas em relação aos produtos estrangeiros. Provavelmente busquem o apoio de grupos internos poderosos. Examinaremos as políticas mais utilizadas e, em seguida, as principais razões que levam os países a adotá-las.

Tarifa sobre importações

Uma tarifa funciona como um imposto sobre a venda do produto importado. Por exemplo, o governo brasileiro pode criar uma tarifa sobre sapatos importados da China. Ela tem o efeito de encarecer o produto, desencorajando a importação. A oferta de importados encolhe, favorecendo os produtores nacionais, que podem cobrar mais caro. Ganham os produtores nacionais e os trabalhadores do setor. Mas a população em geral, isto é, os consumidores de sapatos brasileiros, perdem. O governo também arrecada mais ao impor a tarifa.

Cota de importação

Uma cota de importação é uma quantidade máxima de importação de um bem ou serviço definida por lei. Essa restrição normalmente é criada por meio de emissões de licenças de importação. Assim como na tarifa, a quantidade total desse produto ofertada internamente será menor do que seria ofertada em condições de livre comércio, levando a um preço mais alto. Novamente ganham os produtores nacionais e os trabalhadores do setor e perdem os consumidores nacionais. Aqueles que conseguirem as licenças para importar dentro da cota serão privilegiados com preços mais baixos, podendo revender no mercado interno mais caro. Esse lucro dos detentores das licenças é denominado "renda das cotas", e pode ser muito vultoso. Ao contrário da barreira criada por tarifas, o governo não arrecada com as cotas que distribui gratuitamente.

Restrições voluntárias à exportação

Na década de 1980, o Japão foi persuadido pelos Estados Unidos a limitar voluntariamente as exportações de carros para o mercado americano. Os produtores japoneses não ficaram tristes com esse limite, dado que os preços dos carros subiram e as perdas recaíram sobre os consumidores americanos. Na verdade a limitação funcionou, para os produtores de carros japoneses e americanos, como se houvesse um cartel estabelecido e legalizado pelo governo.

Outras barreiras não tarifárias

Na medida em que as tarifas diminuíram nas últimas décadas do século XX, foram criadas barreiras não tarifárias, como exigências sanitárias, sociais, ecológicas e outras. Atualmente, algumas dessas barreiras são usadas contra os produtos chineses.

Críticas ao livre comércio internacional: algumas considerações

A especialização decorrente do comércio internacional desconsidera os riscos consequentes de a produção do país se tornar menos diversificada. Portanto, bens e serviços de grande essencialidade doméstica podem passar a ser produzidos no estrangeiro, deixando o país vulnerável a decisões políticas de governos fora de seu alcance. Os principais argumentos contra o livre comércio são:

O argumento da segurança nacional

O fornecimento externo está sujeito a interrupções no caso de desavenças e conflitos internacionais. Produtores nacionais de bens e serviços essenciais deveriam ser protegidos contra a concorrência estrangeira, visando à autossuficiência. Os choques de petróleo de 1973 e 1979 reforçaram esse argumento. Além do mais, os produtos industriais, em geral importantes na fabricação de armas e equipamentos de defesa nacional, se enquadrariam nesse argumento.

O argumento da geração de empregos

Havendo proteção, mais empregos seriam criados nas indústrias que competem com os importados. Os críticos contra-argumentam que outros setores deixariam de criar empregos, por terem seus custos aumentados pela restrição de importação de insumos.

O argumento da proteção à indústria nascente

Muitas vezes, setores buscam proteção para ter tempo de se estabelecer e concorrer com o exterior. Mesmo indústrias antigas pedem proteção temporária do seu mercado para se adaptarem a novas tecnologias e condições.

O fato de um país B ter instalado primeiro certa indústria, geraria uma barreira à entrada de concorrentes de um país A, mesmo que estes pudessem ser eventualmente mais eficientes. Se A pudesse ter a oportunidade de se beneficiar intensamente de *uma curva de aprendizagem*, seus custos unitários seriam decrescentes no tempo e poderiam se tornar menores que os do país B, na mesma escala de produção. Portanto, no longo prazo, seria melhor A produzir internamente.

Muitos críticos não simpatizam com esta ideia, pois identificam dificuldades na sua implementação. Com base nesse argumento, há dificuldades de identificar quais setores deveriam ser protegidos. Para serem eficientes, as barreiras à entrada de bens e serviços deveriam trazer, em médio e longo prazos, maiores benefícios do que custos para a nação como um todo. Esse cálculo é trivial, e frequentemente a *escolha dos vencedores*, como é chamada essa prática na economia, segue outros critérios, oferecendo proteção a indústrias que são politicamente influentes. E depois de concedida, a retirada da proteção costuma ser bem difícil.

Na década de 1950, países da América Latina utilizaram tarifas e cotas na proteção de suas indústrias nascentes. Essa política ficou conhecida como a "política de substituição de importações" e tem sido atenuada substancialmente, tanto no Brasil quanto em outros países, em favor do livre comércio. Na América do Sul, o Chile é considerado o país mais próximo da adoção do livre comércio internacional.

As grandes crises econômicas e as políticas protecionistas

Durante as crises econômicas mais severas e de âmbito mundial, como a Grande Depressão, iniciada em 1929, a questão do protecionismo se torna crítica e muito relevante.

As altas taxas de desemprego e ociosidade nas indústrias fazem com que a pressão sobre os governos por parte de setores da economia em busca de barreiras às importações se avolume. Cada vez que um cidadão consome um produto importado ele está criando empregos no exterior e deixando de criar internamente. Nesse ambiente de desemprego, é muito difícil um governo se negar a fornecer alguma proteção aos produtos nacionais, principalmente se outros governos estiverem protegendo seus mercados internos.

Esse movimento, de levantar barreiras à entrada de produtos estrangeiros visando manter os empregos, é conhecido como a política de empobrecer o vizinho. O exemplo mais drástico foi a lei de tarifas Hawley Smoot, de 1930 nos Estados Unidos, aumentando tarifas a um nível que tornou as importações proibitivas.

O erro implícito nesse raciocínio, aparentemente lógico, de proteção de empregos em épocas de crise, é que cada nação é a vizinha da outra. Se todos eles adotarem a mesma política, vão se empobrecer mutuamente.

A reação de outros países de peso no comércio exterior, como Inglaterra, França e Alemanha, ao aumento das tarifas de importação americano foi criar suas próprias barreiras ao comércio exterior, visando manter seus empregos. Em resumo, durante a década da Grande Depressão, a economia mundial desintegrou-se em várias economias isoladas e autossuficientes. Todos perderam. Os economistas consideram que esse foi um dos fatores que concorreram para o aprofundamento da crise. Os países estariam melhores num ambiente da cooperação internacional, no qual o comércio fluísse mais livremente. O ponto é que o comércio é um jogo não cooperativo. Um país só abre seu mercado a produtos de outros países se o reverso for verdadeiro. Devido às pressões internas comentadas anteriormente, essa cooperação se torna difícil durante as crises mundiais, como, aliás, aconteceu também durante a crise financeira mundial de 2008/2009.

Não por mera coincidência, o reconhecimento da necessidade de cooperação serviu como inspiração ao acordo de Bretton Woods (1944), no qual começou a ser desenhado o General Agreement on Tariffs and Trade (GATT), que evoluiria, mais para o final do século, para a Organização Mundial do Comércio (OMC).

Acordos de comércio internacional e a Organização Mundial do Comércio

Bilateralismo *versus* multilateralismo

Os acordos comerciais entre dois países são denominados bilaterais. Mas as trocas entre dois mercados geralmente se mostram menos vantajosas do que as trocas multilaterais, com vários países negociando simultaneamente.

Imaginemos que o Kuwait forneça petróleo para a Coreia do Sul. Esta produz carros, mas o Kuwait está interessado em comprar soja. A troca entre os dois países será facilitada com a entrada na negociação do Brasil, por exemplo, que produz soja e está interessado nos carros coreanos.

Figura 32
Comércio multilateral

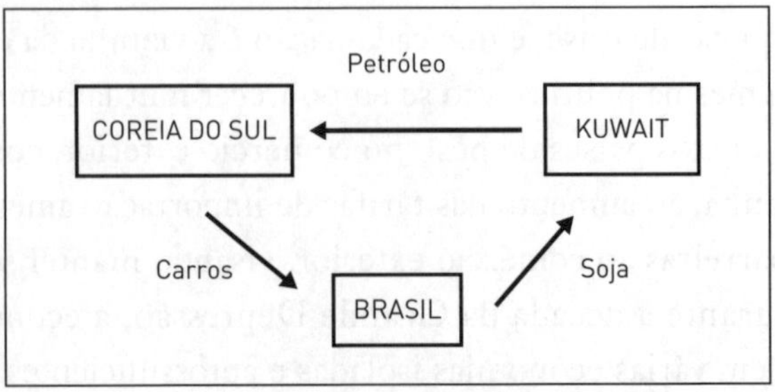

O General Agreement on Tariffs and Trade (GATT)

O GATT foi criado em 1947, visando promover o multilateralismo e estabelecendo regras de conduta para o comércio internacional. As principais regras gerais foram:

- *Reciprocidade.* Se um país baixasse as tarifas, poderia cobrar que os outros países do GATT fizessem o mesmo.
- *Não discriminação.* Nenhum membro do GATT poderia oferecer acordos que favorecessem somente um ou alguns países, em detrimento dos outros.
- *Transparência.* Cotas ou barreiras não tarifárias deveriam ser substituídas por tarifas, cujo impacto é mais visível.
- *Subsídios às exportações.* Os países signatários do GATT não poderiam subsidiar exportações, exceto para produtos agrícolas. Essa exceção foi defendida originalmente pelos Estados Unidos, mas é utilizada nos dias de hoje principalmente pela União Europeia.

Os países signatários do GATT se reúnem periodicamente em rodadas de negociação para a diminuição das barreiras ao comércio. Essas rodadas tomavam, e continuam tomando, o nome da cidade ou país do primeiro encontro. A rodada de Punta del Leste ou do Uruguai (1986) é um divisor de águas na evolução do comércio internacional, durante sete anos de negociações difíceis.

Entre diversos pontos importantes dessa rodada podemos destacar:

- *A liberalização do comércio em dois setores muito importantes para os países em desenvolvimento: agricultura e roupas.* Uma queixa procedente dos críticos do livre comércio é que este favoreceu os países industrializados em detrimento dos países em desenvolvimento, visto que as tarifas sobre produtos industrializados caíram enquanto os subsídios de países ricos a sua agricultura e barreiras a roupas importadas foram mantidos. Mas o documento final da rodada do Uruguai, assinado 1994, estabelecia uma redução gradual de tais benefícios e barreiras. A realidade, no entanto, mostrou que estes avanços aconteceram parcialmente.
- *Foi criada uma nova instituição, denominada Organização Mundial do Comércio (OMC).* Uma importante diferença da OMC em relação ao GATT é que

aquela possui instrumentos para impor suas resoluções aos membros signatários. Um país que se sentir prejudicado no seu comércio, por políticas protecionistas que contrariem as resoluções da OMC, pode entrar com uma queixa na instituição contra o país protecionista, requerendo um julgamento. Caso seja considerado procedente, o país queixoso poderá exercer retaliações comerciais nos valores estipulados na sentença. Os setores que sofrem as retaliações são escolhidos pelo seu peso político visando a que se chegue a um acordo satisfatório.

Um caso importante para o Brasil foi a vitória na OMC contra os subsídios concedidos pelos EUA ao setor de algodão.

As negociações multilaterais nas rodadas da OMC tendem a contrabalançar o poder político de setores que buscam protecionismo nos seus mercados. Assim como o setor produtor de sucos de laranja americano gostaria de obter proteção contra a concorrência de sucos brasileiros, o setor exportador de serviços dos EUA sabe que se o suco brasileiro for, mesmo que parcialmente, barrado no mercado americano, os serviços terão dificuldades de entrar no mercado brasileiro. Enfim, os setores exportadores dos países sabem que o protecionismo faz com que seus mercados encolham.

Neste capítulo, leitor, vimos os fundamentos da teoria do comércio enfatizando os ganhos de eficiência na alocação de recursos e no bem-estar das nações com a abertura econômica. Analisamos também os ganhos e perdas que a abertura traz para os diferentes setores e para a economia como um todo. A esse respeito, leitor, veja também o item "Blocos econômicos: como definir o mercado", no final do capítulo 2 deste livro. O comércio internacional expande o mercado, cria empregos e aumenta os preços para os setores exportadores. Por outro lado, as indústrias e os trabalhadores que produzem para o mercado interno veem seu mercado encolher com a concorrência das importações.

A seguir apresentamos alguns exercícios visando ao melhor entendimento dos conceitos deste capítulo.

AS VANTAGENS COMPARATIVAS E O COMÉRCIO INTERNACIONAL

Exercícios

1) A teoria das vantagens comparativas, desenvolvida por David Ricardo, fundamenta-se no conceito de custo de oportunidade. Defina custo de oportunidade.

2) Sejam dois países A e B. O que significa dizer que o país A tem vantagem absoluta em relação ao país B na produção de certo bem?

3) Sejam dois países A e B. O que significa dizer que o país A tem vantagem comparativa em relação ao país B na produção de certo bem?

4) No comércio internacional, o que determina a especialização na produção: a vantagem absoluta ou a vantagem comparativa?

5) A teoria das vantagens comparativas mostra que há ganhos decorrentes do comércio entre as nações, e para ambos os parceiros. No entanto, sempre acontecem protestos contra a globalização e o livre comércio. Explique por que, apesar dos ganhos, os protestos acontecem.

6) No início da década de 1980 foi celebrado um acordo entre o governo americano e a indústria automobilística japonesa, o qual limitava a exportação de carros japoneses para o mercado americano. Essa prática protecionista é conhecida como restrição voluntária às exportações. Quem se beneficia e se prejudica com essa limitação, nos Estados Unidos e no Japão?

7) Alguns líderes de países em desenvolvimento às vezes argumentam que, como seus países são pobres e a produtividade, na maioria dos setores, é inferior àquela dos países desenvolvidos, o comércio livre com os EUA ou com a Europa iria prejudicá-los. Critique tal argumento usando a teoria de vantagens comparativas.

8) A Inglaterra e a Escócia produzem, ambas, uísques e suéteres. Suponha que um trabalhador inglês produza 50 garrafas de uísque ou um suéter por hora; e um trabalhador escocês produza 40 garrafas de uísque ou dois suéteres por hora. Qual dos países tem vantagem absoluta na produção de

cada bem? Qual tem vantagem comparativa na produção de uísque? Qual tem vantagem comparativa na produção de suéteres? Se houver comércio entre a Inglaterra e a Escócia, e o custo de transporte não for proibitivo, o que os escoceses venderão para os ingleses?

9) Com a evolução da tecnologia de informação nas últimas décadas do século XX, ficou clara a importância do acesso a computadores para a população dos países em desenvolvimento. A Índia lidou com essa questão zerando a tarifa de importação de computadores. No Brasil a estratégia inicial foi buscar produzir um computador barato nacional e um *software* diferenciado; foi impedida a importação, adotando-se assim uma política de proteção à nascente indústria de computadores no Brasil. Comente as duas soluções.

10) No final da Segunda Guerra Mundial, o mundo ocidental começou a discutir meios de promover o comércio, inicialmente com a criação do GATT que evoluiu para Organização Mundial do Comércio. A ideia central era promover o multilateralismo nas trocas entre economias, em contraposição a acordos bilaterais. Discuta o conceito de multilateralismo e bilateralismo nas práticas comerciais entre as economias nacionais.

A teoria das vantagens comparativas foi uma concepção brilhante de David Ricardo.

Breve nota biográfica: *David Ricardo (1772-1823)*

Economista inglês, proponente da lei dos rendimentos decrescentes e da teoria das vantagens comparativas. Ricardo foi membro do Parlamento inglês (House of Commons) e fez, anteriormente, uma carreira no mundo dos negócios, tendo ficado rico. Seu livro mais importante foi *Os princípios de economia política e de taxação* (1817), no qual expôs e defendeu a teoria das vantagens comparativas e o comércio livre entre as nações, usando modelos teóricos simples que capturavam a essência dos problemas a serem estudados. Tal prática veio a ser conhecida posteriormente, pelos seus críticos (ou seja, os defensores da abordagem histórica no estudo da economia como a única adequada), como o "vício ricardiano".

Para enriquecer

Ricardo e o livre comércio

Para enriquecer seu conhecimento e apreciação da obra de Ricardo, basta dizer, leitor, que o Mercado Comum Europeu (a maior área de livre comércio no mundo atual) se justifica pela teoria proposta por Ricardo. Alguns economistas calculam que o benefício material, para a população europeia, devido ao mercado comum, pode ser estimado em US$ 1 trilhão/ano. O comércio internacional sempre foi alvo de ataques dos produtores nacionais desejosos de reduzir a competição dos produtos importados. Os chamados economistas mercantilistas, predecessores de Ricardo, defendiam a proteção e a restrição à competição estrangeira usando inúmeros argumentos. Na verdade, sabemos, hoje em dia, que alguns desses argumentos têm certa validade no curto prazo, mas o livre comércio e a competição econômica são requisitos fundamentais para a prosperidade e o maior bem-estar material da população mundial. Ricardo foi o primeiro economista a conceber um modelo analítico quantificável, aplicável a muitos casos, mostrando e calculando os ganhos obtidos com o livre comércio e a competição. Com isso, produziu um forte argumento contra os mercantilistas e inaugurou uma forma metodológica nova em economia: os modelos técnicos analíticos e quantificáveis. E tais modelos justificam, atualmente, a existência de organismos internacionais que promovem o comércio livre, e as áreas em que tal prática acontece.

Conclusão

Escrever um livro de economia é um problema considerável, pois o número de assuntos possíveis é grande. Selecionar é uma necessidade e um desafio.

Procuramos selecionar temas tendo em vista as necessidades dos cursos de pós-graduação na área de administração das organizações em geral. Sabemos que o conhecimento da economia é uma ferramenta importante, sobretudo para o entendimento das circunstâncias externas à organização e também de suas tendências, os possíveis cenários com os quais a organização vai ter de conviver no futuro.

Assim, esta conclusão vai ser, na verdade, um tanto inconclusiva, pois nosso assunto é aberto para o futuro. Na realidade, será uma proposta para o leitor.

Vamos propor, como ponto final do estudo, um exercício. A partir do instrumental econômico que adquiriu, leitor, ajudado por este livro, será possível você descrever as consequências de cenários externos, tendências futuras as quais podem influenciar o setor e a organização em que atua. Poderiam ser cenários imediatos, de curto prazo, ou de médio e longo prazos. Mas o importante é tentar delineá-los, para poder usar os conhecimentos de economia adquiridos e avaliar o que sua organização vai enfrentar, em termos de mudança da demanda pelo seu produto, alterações de custos, presença de concorrentes e assim por diante.

Nesse sentido, como exemplo, e para ajudá-lo, vamos mencionar algumas grandes tendências globais, crescentemente consideradas importantes pelos especialistas. E você também poderá pesquisá-las, adquirir mais conhecimentos sobre elas e projetar como afetariam sua organização, ou mesmo sua vida profissional, usando o instrumental da economia.

Quais são as grandes tendências que selecionamos? Eis aqui, como sugestão, uma pequena lista:

- crescente globalização, constituição de padrões globais de consumo e de cadeias produtivas supranacionais;
- aumento da comunicação e da mobilidade das pessoas, em nível local, nacional e internacional;
- importância maior das questões ambientais e sociais (desigualdade);
- aprimoramento e consequente aceleração do uso da AI (inteligência artificial);
- importância econômica grande e ascendente dos países asiáticos, países à beira dos oceanos Pacífico e Índico;
- aceleração da velocidade de mudança de muitos aspectos do mundo moderno, desde relações de trabalho, relações sociais, relações pessoais (familiares, de gênero, sexuais etc.) até o uso generalizado de novas tecnologias;
- domínio crescente da economia de serviços e do conhecimento sobre a indústria e a agricultura tradicionais.

Nossa lista talvez seja incompleta, distorcida, absurda, mas... é uma lista para começar. Se você quiser substituí-la por outra ou modificá-la, por favor, faça-o. Mas faça-o, pois o provável é que o futuro vá pertencer aos que se prepararam para ele. Então, devido à sua diligência e, naturalmente, um pouco de sorte, de acertar seus prognósticos, será um período de sucesso para você.

Referências

BANCO CENTRAL DO BRASIL (BCB). *Relatórios anuais de 2005 a 2010*. Brasília: BCB, 2005-2010.

FERGUSON, C. E. *Microeconomia*. 10. ed. Rio de Janeiro: Forense Universitária, 1987.

FUNDO MONETÁRIO INTERNACIONAL (FMI). *World Economic Outlook Database*. Disponível em: <www.imf.org>. Acesso em: 21 fev. 2010.

GONÇALVES, A. C. P. et al. (Coord.). *Economia aplicada*. 9. ed. Rio de Janeiro: FGV Ed., 2010.

INSTITUTO BRASILEIRO DE GEOGRAFIA E ESTATÍSTICA (IBGE). *Portal Institucional*, [s.d.]. Disponível em: <www.ibge.gov.br>. Acesso em: 21 out. 2011.

INSTITUTO DE PESQUISA ECONÔMICA APLICADA (IPEA). *Portal Institucional*, [s.d.]. Disponível em: <www.ipeadata.gov.br>. Acesso em: 21 fev. 2011.

KRUGMAN, Paul; WELLS, Robin. *Introdução à economia*. Rio de Janeiro: Elsevier, 2006.

MANKIW, N. Gregory. *Introdução à economia*: princípios de micro e macroeconomia. Rio de Janeiro: Pioneira Thomson, 2004.

MANSFIELD, E. *Microeconomia*: teoria e aplicações. 2. ed. Rio de Janeiro: Campus, 1980.

MATESCO, V. R.; SCHENINI, P. *Economia para não economistas*. 5. ed. Rio de Janeiro: Ed. Senac, 2010.

MATTOS, Cesar (Org.). *A revolução antitruste no Brasil*. São Paulo: Singular, 2003.

REVISTA CONJUNTURA ECONÔMICA. Rio de Janeiro: FGV/Ibre. Vários números.

STIGLITZ, Joseph E.; WALSH, Carl E. *Introdução à microeconomia*. 3. ed. Rio de Janeiro: Campus, 2002.

VARIAN, H. R. *Microeconomia*: princípios básicos. Rio de Janeiro: Campus, 1994.

Glossário

Balanço de pagamentos. Conjunto de contas relativas às transações (de bens, serviços, rendas e capitais) realizadas entre os residentes de um país e os residentes no exterior.

Banco central. Instituição que regula a oferta monetária na economia, as operações do sistema bancário em geral, e o mercado de câmbio.

Banda cambial. Faixa de cotações dentro da qual o banco central permite que a taxa de câmbio flutue.

Base monetária. Valor total das reservas bancárias e do papel-moeda em circulação (oferta primária de moeda).

Bem de consumo. Bem e/ou serviço que é consumido pela população. Sua produção, em geral, não aumenta a capacidade produtiva da economia, pois não é um fator de produção.

Bem durável. Mercadoria que pode ser armazenada e usada por vários anos. Ex.: automóvel, televisão, trator.

Bem final. Bem produzido para uso final por parte de seu comprador (consumidor ou produtor).

Bem inferior. Bem cuja demanda diminui quando a renda dos compradores aumenta. Ex.: carne de segunda.

Bem não durável. Mercadoria que pode ser armazenada, mas tem uma vida média curta. Ex.: alimentos, roupas, calçados.

Bem normal. Bem cuja demanda aumenta quando a renda dos compradores aumenta. Ex.: viagem de férias.

Bens complementares. Quando o preço de um bem (X) aumenta, a quantidade demandada do outro (Y) tende a diminuir. Ex.: salsicha e pão de cachorro--quente.

Cartel. Acordo entre as empresas em certo mercado, para a fixação de preços ou de cotas de produção. Ex.: países produtores de petróleo.

Comissão de Valores Mobiliários (CVM). Autarquia federal responsável pela regulação, autorização e fiscalização do mercado de capitais no Brasil.

Commodity. Mercadoria negociada em bolsas, intercambiável com outras do mesmo tipo, geralmente usada como matéria-prima para produção de outros bens ou serviços. A qualidade de uma *commodity* pode variar ligeiramente de certo padrão predefinido, mas é mantida essencialmente a mesma pelos diferentes produtores.

Concorrência extrapreço. Concorrência entre empresas em aspectos outros além do preço. Ex.: qualidade dos serviços prestados.

Concorrência monopolística. Mercado semelhante ao da concorrência perfeita, exceto pelo fato de que as empresas diferenciam seus produtos pela marca ou de outra maneira, isto é, os produtos não são idênticos.

Concorrência perfeita. Mercado no qual há muitos participantes, vendedores e compradores, e todos pequenos em relação ao tamanho do total do mercado; há também livre entrada de participantes e produtos relativamente homogêneos.

Conluio. Acordo implícito ou explícito entre os compradores, ou entre os vendedores, com o intuito de não concorrerem entre si.

Consumo agregado. Gastos das famílias, empresas e governo com bens e serviços de consumo final.

Contas de capital e financeira. Contas do balanço de pagamentos que registram as transações com ativos financeiros e de capital entre os residentes no país e os residentes no resto do mundo.

Contas de transações correntes. Contas do balanço de pagamentos que registram todas as transações com bens, serviços e rendas (primárias e secundárias) entre os residentes no país e os residentes no resto do mundo.

Contração fiscal. Política macroeconômica que consiste em reduzir o superávit ou aumentar o déficit orçamentário do governo por meio da diminuição dos gastos públicos e/ou do aumento das receitas fiscais.

Contração monetária. Política macroeconômica que consiste em reduzir a oferta de moeda.

Crescimento do PIB. Taxa de crescimento do PIB real em certo período.

Curto prazo. Período em que um agente econômico pode alterar algumas de suas decisões, mas não todas.

Curva de demanda. É uma curva de inclinação descendente (em uma representação com eixos ortogonais, o eixo vertical representando os preços e o eixo horizontal representando as quantidades). Mostra o aumento da quantidade demandada do bem se seu preço diminuir, supondo constantes os outros determinantes da demanda (como renda e preços de outros bens).

Curva de oferta. É uma curva de inclinação ascendente (em uma representação com eixos ortogonais, o eixo vertical representando os preços e o eixo horizontal representando as quantidades). Mostra o aumento da quantidade ofertada do bem se seu preço aumentar, supondo constantes os outros determinantes da oferta (como custos, preços de insumos e tecnologia).

Custo de oportunidade. Custo da melhor alternativa. Ao escolher (A) em detrimento de (B), sendo (B) a melhor alternativa, o valor de (B) é o custo de oportunidade.

Custo marginal. Razão entre a variação do custo total e a variação da quantidade produzida; aumento do custo total decorrente da produção de uma unidade adicional.

Custos fixos. Custos que não se alteram quando a produção varia. Ex.: aluguel.

Deflação. Redução contínua e generalizada do nível geral de preços da economia.

Demanda agregada. Quantidade total de bens e serviços demandados numa economia, em certo período. Total de bens e serviços de consumo e de investimentos demandados pelos setores privado, público e externo. Ou, de outra forma: total demandado de bens e serviços pelas famílias, empresas e governo.

Depreciação. Declínio do valor do capital fixo (por uso ou desgaste). Para o cálculo da renda nacional, a depreciação é chamada "provisão para consumo de capital" ou despesas com depreciação.

Derivativo. Instrumento financeiro cujo preço depende ou deriva do preço de um ou mais ativos que lhe são subjacentes. Os ativos subjacentes mais comuns são ações, títulos, *commodities*, moedas, taxas de juros e índices de preços.

Desaceleração inflacionária. Redução da taxa de inflação. Ritmo menor de aumento geral de preços.

Deseconomia de escala. Aumento do custo total médio quando a produção da empresa aumenta.

Desemprego cíclico. Desemprego devido às variações cíclicas na atividade econômica.

Desemprego estrutural. Desemprego causado pelas variações na estrutura da produção (devido, por exemplo, a mudanças tecnológicas) ou na estrutura da demanda (devido, por exemplo, ao aparecimento de novos produtos). Ex.: os filmes para máquina fotográfica foram substituídos pelas fotografias digitais, causando desemprego no setor de fabricação de filmes fotográficos.

Desemprego friccional. Desemprego decorrente do funcionamento normal de uma economia. Mudanças voluntárias por parte dos trabalhadores, em busca de emprego melhor.

Economia de escala. Redução do custo total médio quando a produção da empresa aumenta.

Efeito renda. Efeito sobre a quantidade demandada de um bem quando a renda real dos seus compradores varia.

Efeito "riqueza real". Aumento da demanda agregada em virtude de uma redução do nível de preços. Um nível menor de preços eleva o valor real de ativos nominais, induzindo as pessoas a gastarem mais.

Eficiência. Quando a produção é a máxima possível, dados os recursos disponíveis. Para produzir mais de determinado bem, uma economia eficiente necessariamente produzirá menos de outros bens.

Elasticidade. Reação percentual de uma grandeza dividida pela mudança percentual de outra variável determinante da grandeza.

Elasticidade-preço da demanda. Variação percentual da quantidade demandada de certo produto dividida pela variação percentual do preço cobrado pelo produto.

Elasticidade-preço da oferta. Variação percentual da quantidade ofertada de certo produto dividida pela variação percentual do preço pago pelo produto.

Elasticidade-renda da demanda. Variação percentual da quantidade demandada de certo produto dividida pela variação percentual da renda de seus compradores.

Estagflação. Ocorrência, ao mesmo tempo, de inflação e recessão econômica.

Excedente do consumidor. É o que o consumidor estaria disposto a pagar a mais do que o preço de mercado por certo produto.

Excedente do produtor. É o que o produtor estaria disposto a receber a menos do que o preço de mercado por certo produto.

Excesso de demanda. É o excesso da quantidade demandada em relação à quantidade ofertada, ambas as quantidades consideradas a um preço abaixo do preço de equilíbrio de mercado.

Excesso de oferta. É o excesso da quantidade ofertada em relação à quantidade demandada, ambas as quantidades consideradas a um preço acima do preço de equilíbrio de mercado.

Expansão monetária. Aumento da oferta de moeda.

Exportações líquidas. Diferença entre as exportações e as importações de bens e serviços, também chamada de saldo líquido do balanço comercial e de serviços de não fatores.

Famílias. Proprietários de todos os fatores de produção da economia. As famílias fornecem os serviços de mão de obra, terra, capital e são proprietárias das empresas da economia.

Fator de produção. Qualquer insumo usado na produção de um bem. Os principais fatores de produção são, a saber: terra, mão de obra, capital financeiro, capital fixo (máquinas, equipamentos) e matéria-prima.

Força de trabalho. Todas as pessoas empregadas ou desempregadas, em idade economicamente ativa (isto é, aptas a trabalhar), normalmente entre 18-65 anos de idade. O limite de idade para a definição da força de trabalho varia entre países.

Gastos do governo. Despesas com bens e serviços adquiridos pelos governos federal, estaduais e municipais.

Índice de confiança do consumidor. Índice que estima a confiança do consumidor em relação às condições econômicas correntes e futuras.

Índice de desenvolvimento humano (IDH). Calculado pela Organização das Nações Unidas (ONU), esse índice foi construído para aferir o grau de desenvolvimento social de um país, a partir da média ponderada de três indicadores: (a) expectativa de vida; (b) taxa de alfabetização; e (c) renda *per capita*.

Índice de preços ao consumidor (IPC-FGV). Custo de determinada cesta de bens e serviços para o consumidor típico de famílias com nível de renda de um a 33 salários mínimos. Calculado em certas localidades (cidades ou regiões) do país.

Índice de preços ao produtor (IPP). Índice de preços de bens produzidos pelos setores: industrial, agrícola, pesqueiro, florestal e de concessionárias de energia elétrica.

Inflação. Elevação generalizada e contínua do nível geral de preços (maioria dos preços) da economia.

Interdependência mútua. Fenômeno que ocorre quando as ações (decisões) de uma pessoa física ou jurídica afetam, de modo significativo, os ganhos ou perdas de outra pessoa, e vice-versa.

Investimento direto estrangeiro. Investimentos de estrangeiros em capital fixo em determinada economia.

Investimento líquido. Aumento líquido do estoque de capital físico de um país. Trata-se da diferença entre o investimento produtivo e as despesas com depreciação.

Investimento produtivo. Valor da aquisição de novos bens de capital fixo (máquinas, equipamentos, ferramentas e construções de plantas industriais) pelas pessoas físicas e jurídicas na economia.

Lei da demanda. A quantidade demandada e o preço têm relação inversa. Demanda-se mais a um preço menor e menos a um preço maior.

Lei da oferta. A quantidade ofertada e o preço têm relação direta. Oferece-se mais a um preço maior e menos a um preço menor.

Liquidez. Facilidade com que um ativo (título público, ação, imóveis ou outros ativos) pode ser convertido em dinheiro.

Longo prazo. Período em que um agente econômico pode alterar todas as suas decisões envolvendo custos variáveis e custos fixos.

M1 – meios de pagamentos. Mensuração da oferta monetária considerando apenas o dinheiro em poder do público (PMPP) mais os depósitos bancários sujeitos a saque imediato, disponíveis nos bancos comerciais. Existem outras mensurações de meios de pagamentos: M2, M3, M4.

Moeda fiduciária. Moeda cuja base física não tem valor algum e sem lastro em ouro ou qualquer outro bem (ativo) valioso. Ex.: o papel-moeda em circulação no Brasil atualmente.

Monetarização da dívida pública. Emissão de moeda para suprir a necessidade de financiamento do orçamento público (déficit nominal ou total) e recomprar a dívida existente do setor público.

Monopólio. Situação de mercado em que há um único vendedor de um bem ou serviço, que não possui substituto próximo no mercado.

Oligopólio. Mercado com poucos vendedores e barreiras médias ou altas à entrada de novos concorrentes.

Operação de mercado aberto. Compra e venda de títulos da dívida pública pelo banco central, para aumentar ou diminuir a oferta da moeda na economia.

Organização Mundial do Comércio (OMC). Organização internacional que levanta dados e informações sobre o comércio entre os países, estabelece normas para esse comércio e julga se tais normas estão sendo respeitadas.

Organização para Cooperação e Desenvolvimento Econômico (OCDE). Organização internacional que pesquisa e estuda as informações econômicas de muitos países, a maioria pertencendo ao mundo economicamente desenvolvido.

Paridade da taxa de juros. Princípio pelo qual os retornos financeiros dos capitais aplicados se equivalem entre os países, levados em conta os riscos de inadimplência (risco-país) e de valorização ou desvalorização das moedas nacionais.

Paridade do poder de compra (PPC). Princípio pelo qual as taxas cambiais entre as moedas dos países variariam de modo que bens similares, importados ou domésticos, sejam comercializados ao mesmo preço. Também chamada "lei do preço único". Método de ajuste empregado para possibilitar comparações internacionais de PIB.

PIB e PNB reais. Valores do PIB e do PNB descontados das estimativas de inflação no período.

PIL e PNL. Valores obtidos descontando-se no PIB e no PNB a depreciação e o desgaste dos fatores de produção decorrentes de seu uso na produção.

Política de redesconto. Ação do banco central de emprestar recursos financeiros aos bancos.

Política de rendas. Conjunto de instrumentos públicos que estabelecem diretrizes para controle dos reajustes de preços e salários.

Política industrial. Conjunto de medidas governamentais destinadas a incentivar os setores econômicos (industriais) considerados estrategicamente importantes.

Poupança nacional. Parte não consumida da renda disponível (renda depois de descontados os impostos).

Prêmio de risco. Diferença entre a taxa de juros paga pelos títulos de dívida pública de certo país e a taxa de juros paga pelos títulos de dívida pública de outro país, no mercado internacional.

Produtividade do trabalho. Razão entre o produto interno bruto e o número de trabalhadores (força de trabalho).
Produto interno bruto (PIB). Valor da produção de todos os bens e serviços finais produzidos em certo país, em determinado período.
Produto nacional bruto (PNB). Valor da produção de todos os bens e serviços finais produzidos pelos residentes de certo país, em determinado período.
Produto *per capita*. Valor do PIB ou do PNB dividido pela população.

Renda pessoal disponível (RPD). Renda das famílias descontado o valor dos impostos.
Riqueza financeira. O valor de todos os ativos financeiros de uma pessoa menos suas obrigações financeiras.
Risco de inadimplência. Risco de que um devedor não pague o prometido ao credor.

Salário nominal. Rendimento do fator trabalho, em valores correntes.
Salário real. Rendimento do fator trabalho em termos reais, ou seja, com constância do poder de compra.
Senhoriagem. Receitas obtidas pelo banco central com a emissão de moeda.
Superávit primário. Receitas públicas superiores aos gastos públicos, excluídos os gastos com pagamentos de juros da dívida pública (encargos financeiros).
***Swap*.** Contrato que modifica as cláusulas de um contrato anterior, para alterar datas de pagamento ou de recebimento, taxas de juros, moeda em que será honrado o contrato ou outras.

Taxa de câmbio. Preço da moeda de um país em relação à moeda de outro país.
Taxa de câmbio fixa. Taxa de câmbio entre as moedas de dois países fixada em certo valor pelo banco central de pelo menos um dos países.
Taxa de câmbio flutuante. Taxa de câmbio determinada pelas forças do mercado, livre de intervenção por parte dos bancos centrais.
Taxa de câmbio nominal. Número de unidades de moeda nacional que se pode obter por uma unidade de moeda estrangeira; o preço da moeda estrangeira em termos de moeda nacional.
Taxa de câmbio real. Preço relativo dos bens estrangeiros em relação aos bens nacionais.

Taxa de desemprego. Porcentagem da força de trabalho desempregada (em relação à população economicamente ativa). Uma pessoa está desempregada se está ativamente procurando trabalho.

Taxa de inflação. Taxa percentual de variação do nível geral de preços no decorrer de certo período.

Teoria dos jogos. Teoria que analisa situações de interdependência mútua entre pessoas físicas ou jurídicas (jogadores), modelando os conflitos e os interesses comuns dos jogadores.

União Europeia. Organização política e econômica de países-membros europeus. Nem todos os países europeus participam da União Europeia plenamente. Ex.: Suíça.

Apêndice

Respostas dos exercícios

Capítulo 1

1) É o ganho do consumidor por ter acesso a um mercado onde pode comprar certo bem ou serviço por um preço inferior ao valor que ele atribui a esse bem ou serviço.

2) a

3) b

4) b

5) a

6) d

7) $Epd = \Delta\%Qd / \Delta\%P = (3 / 100) / (12 / 100) = 0,03 / 0,12 = 0,25$. É inelástica, e o gasto aumenta.

8) O preço do bem, o preço dos insumos para a produção do bem e tecnologia.

9) Um bem é chamado de normal se sua demanda aumentar com a renda dos seus consumidores; é chamado inferior se a demanda diminuir com o aumento da renda.

10) O preço e a quantidade negociada de tangerina aumentam.

Capítulo 2

1) Respostas:
   a) Não variam com a quantidade produzida.
   b) Aumentam com a quantidade produzida.
   c) O custo total dividido pela quantidade produzida.
   d) Aumento do custo total devido à produção de uma unidade a mais.

2) Supondo inicialmente um nível de produção pequeno, o aumento da produção dilui o custo fixo, ou seja, o custo total médio diminui. E esse efeito continua até se exaurir, o que ocorre quando aumentos da produção se tornam custosos, pois a empresa já está próxima de usar sua capacidade em nível máximo. Daí em diante, o custo total médio começa a aumentar quando a produção aumenta. Ou seja, o gráfico do custo total médio, em relação à quantidade produzida (eixo das abcissas), tem um formato de U e a curva de custo marginal passa pelo ponto mínimo de curva de custo total médio.

3) Se a receita marginal for maior que o custo marginal, o aumento da produção aumentará o lucro; logo, o nível de produção não estará maximizando o lucro. Se a receita marginal for menor que o custo marginal, uma diminuição da produção aumentará o lucro; logo, o nível de produção não estará maximizando o lucro. Deduz-se, portanto, que o lucro é maximizado quando a receita marginal é igual ao custo marginal.

4) Ao utilizar a loja de sua propriedade, Maria está abrindo mão do aluguel que poderia receber, avaliado em R$ 18 mil. Como o lucro apurado pelo contador está abaixo desse valor, ela está tendo prejuízo econômico.

5) Três características fundamentais:
   a) presença de muitos vendedores e compradores, o maior deles sendo muito menor que o tamanho do mercado como um todo;
   b) entrada livre de novas empresas, isto é, ausência de barreiras à entrada de novos competidores;
   c) produtos das muitas empresas participantes do mercado bem semelhantes, os compradores não podendo diferenciá-los facilmente.

6) Num mercado competitivo o preço é igual ao custo marginal. Logo, o custo marginal é R$ 0,10.

7) Respostas:
   a) Barreiras legais, tecnológicas, mercado de tamanho pequeno (não cabendo mais que uma empresa produtora – é o caso dos monopólios naturais), patentes, grande vantagem de custo para as empresas já participantes do mercado (por já terem escala, experiência e conhecimento), barreiras decorrentes de localização e custo de transporte elevado, barreiras decorrentes de elevados requisitos de capital ou de mão de obra especializada.
   b) Setor petrolífero no Brasil.
   c) Às vezes, a criação de um monopólio legal pelo governo visa incentivar o desenvolvimento de certo setor ou beneficiar inventores (patentes).

8) Se um importante participante do cartel de petróleo deixasse de cooperar, aumentando a quantidade produzida, o preço do petróleo no mercado mundial tenderia a cair. Provavelmente, os demais participantes do cartel responderiam também aumentando sua produção, pressionando ainda mais os preços para baixo. Isto é, o cartel tenderia a se dissolver.

9) Porque no ponto de tangência o custo médio é igual ao preço.

10) Uma estratégia dominante é aquela que é sempre melhor para a empresa, quaisquer que sejam as estratégias escolhidas pelos demais participantes do mercado.

Capítulo 3

1) Uma maneira de calcular o PIB é somar o valor da produção apenas dos bens de serviços finais, para evitar dupla contagem. Logo, a soma do valor da produção de todos os bens superestimaria o PIB.

2) Não. As condições econômicas da média da população dependem, por exemplo, do número de habitantes do país. Um indicador mais preciso dessas condições materiais de vida das pessoas seria o PIB *per capita*.

3) A utilização de uma marca famosa em uma camisa de algodão faz com que o VP se eleve, independentemente do VI, isto é, do custo dos insumos utilizados na fabricação desse item. Como o valor agregado é definido como VP – VI, ocorre maior geração de valor pelo simples uso da marca. De fato, muitas pessoas valorizam o uso de marcas famosas.

4) Se o valor é de $ 500 de insumos importados, supondo que não haja mais a produção doméstica desses itens, o valor do PIB deve ser ajustado, subtraindo-se o valor das importações. O valor do PIB com os novos dados passará a ser $ 3.600.

5) O cálculo do PIB obedece a um critério geográfico. Se o valor de $ 1,5 milhão foi gerado dentro das fronteiras do país A, por se tratar de bens finais, será diretamente contabilizado no cálculo do PIB desse país e não será considerado no cálculo do PIB do país B. Já a remessa de $ 350 mil será considerada no cálculo do PNB do país B, destino da renda enviada. Esse valor não fará parte do PNB do país A.

6) Se toda a produção de um país em dado período fosse destinada ao consumo, nada estaria sendo destinado à ampliação da capacidade produtiva, isto é, ao investimento. A renúncia ao consumo no presente, ou seja, a poupança, gera os recursos utilizados na ampliação do potencial de produção e de consumo no futuro.

7) A tendência inflacionária decorre de que a demanda agregada por bens e serviços se encontra acima da capacidade de produção normal (PIB potencial).

8) A partir dos dados do quadro 2, o pessoal da linha de produção deve ter tido reposição salarial de 6,5%, o que corresponde à alta do INPC em 2008. Supõe-se que sejam trabalhadores menos qualificados e, portanto, sua referência inflacionária é o INPC. Já o *staff* da diretoria deve ter tomado como referência o IPCA, indicador de itens consumidos também pela classe média. Portanto, seu reajuste deve ter sido de 5,9%.

Capítulo 4

1) Porque seria necessária uma grande coincidência. Um produtor e vendedor de leite gostaria de trocá-lo por obturações dentárias e, por sorte, naquele momento o dentista gostaria de tomar leite. Há também, naturalmente, o problema de as quantidades que cada um deseja serem diversas (se o dentista só desejar um copo de leite, tal quantidade não será suficiente para pagar por uma obturação).

2) As reservas bancárias (depósitos dos bancos no banco central) adicionadas ao papel-moeda em poder do público constituem a base monetária. Esta, ao circular no sistema bancário, gera um saldo de depósitos bancários maior do que seu próprio valor, devido ao processo sucessivo de captação de depósitos e empréstimos que ocorre entre os bancos. Há, portanto, uma multiplicação de base monetária gerando os meios de pagamento do país.

3) Porque o Bacen independente conduz sua política monetária para estabilizar a economia, e não para o financiamento do déficit público.

4) Compra e venda de títulos públicos (operações no mercado aberto); empréstimos do Bacen aos bancos; variação no percentual dos empréstimos compulsórios dos bancos ao Bacen.

5) O desempenho da economia é analisado, em particular se está excessivamente aquecida ou em recessão, levando à decisão quanto à política monetária (e a taxa Selic) a ser seguida.

6) Se o déficit público for elevado, para estabilizar a economia (atingir a meta de inflação) o Bacen adotará uma política monetária mais austera, compensatoriamente.

7) Ao contrário, pela expansão dos gastos públicos.

8) Maiores gastos de investimento aumentam a demanda no curto prazo. O aumento da capacidade de produção ocorrerá no futuro. Logo, não combate a inflação.

9) Devido à grande despesa de juros no orçamento do governo.

Capítulo 5

1) Conta-corrente; conta-corrente; conta de capital.

2) Aumentaria a demanda por dólares no mercado cambial e desvalorizaria o real.

3) Aumentaria a oferta de dólares no mercado cambial e valorizaria o real.

4) Valorizaria o real.

5) Para poder intervir no mercado cambial, oferecendo divisas estrangeiras caso haja a tendência de se valorizarem em relação ao real.

6) Singapura exporta quase o dobro de seu PIB.

7) A entrada de capitais financeiros não está sendo usada para cobrir um déficit em conta-corrente, mas para acumular reservas em divisas internacionais.

8) + 9,28%.

Capítulo 6

1) Os recursos produtivos sendo limitados, podemos usá-los para a produção de um bem ou de outro. Assim, feita a escolha de um dos bens, abrimos mão da possibilidade de produzir o outro, isto é, em geral, das demais oportunidades que estavam disponíveis no momento da escolha. Qualquer escolha tem sempre o custo de abrir mão das demais oportunidades, mensurado pelo valor das alternativas que deixamos de lado. Esse custo é chamado de custo de oportunidade, conceito fundamental no entendimento da teoria do comércio.

2) Ter vantagem absoluta na produção do bem X é ter maior produtividade na produção de X, relativamente à produtividade no outro país quando produz X.

3) Ter vantagem comparativa na produção do bem X é ter menor custo de oportunidade, em termos do que se deixa de produzir de outro bem, digamos Y. Por exemplo, um país para produzir uma unidade de X deixa de produzir duas unidades de Y; o outro país, para produzir uma unidade de X deixa de produzir três unidades de Y. Logo, o primeiro país tem vantagem comparativa na produção de X.

4) Um país deve se especializar na produção de bens e serviços nos quais tenha vantagem comparativa, o que significa menor custo de oportunidade, menor sacrifício de produção de outros bens.

5) A abertura de um país ao livre comércio externo traz ganhos líquidos para sua população como um todo. Contudo, dentro do país, a liberação do comércio externo leva a perdas para certos grupos e ganhos para outros. Os setores produtivos que possuem vantagem comparativa se beneficiam; já os consumidores desses produtos, os quais passam a ser mais exportados, perdem. Os setores produtivos que não possuem vantagem comparativa também perdem, devido ao aumento das importações; mas os consumidores desses produtos se beneficiam com as importações mais baratas. Muitas vezes, os grupos prejudicados tendem a se organizar politicamente e pressionar o governo para criar obstáculos ao livre comércio.

6) Os produtores e trabalhadores do setor automobilístico dos EUA ganham com o acordo, pois terão uma fatia maior do mercado americano. Já o consumidor americano perde, pois terá uma menor oferta de automóveis, pagando provavelmente um preço maior. No Japão, dá-se o inverso, com os produtores e trabalhadores tendo menor acesso ao mercado americano e, provavelmente, ofertando mais no mercado japonês, o que beneficiaria o consumidor de automóveis japonês.

7) A teoria das vantagens comparativas mostra que, mesmo uma economia não tendo vantagem absoluta (maior produtividade) em nenhum setor, ela obteria ganhos caso se especializasse na produção de bens e serviços com o menor custo de oportunidade (vantagem comparativa) e fazendo trocas com as outras economias.

8) A Inglaterra produz mais uísque por hora de trabalho; logo, tem vantagem absoluta na produção de uísque. A Escócia produz mais suéteres por hora de trabalho; logo, tem vantagem absoluta na produção de suéteres. Ao produzir uísque, a Inglaterra deixa de produzir menos suéteres que a Escócia deixaria de produzir de suéteres por unidade de uísque que produzisse. Isso significa que a Inglaterra tem menor custo de oportunidade na produção de uísque, tem vantagem comparativa na produção deste bem. De modo simétrico, a Escócia tem vantagem comparativa na produção de suéteres e venderia suéteres à Inglaterra.

9) A estratégia indiana foi mais bem-sucedida, pois, utilizando os ensinamentos da teoria do comércio, importou equipamentos e *softwares* das economias que tinham vantagens comparativas nesse setor. A tarifa zerada de importação fez com que a população indiana tivesse acesso a computadores e a *softwares* a preços acessíveis. Com essa disponibilidade apareceram vantagens comparativas e empregos em diversos outros setores da economia indiana. Já o Brasil colheu exatamente o contrário, com a política protecionista. A população brasileira, durante a vigência dessa proteção ao setor de informática, tinha de pagar bem mais caro por equipamentos que não se comparavam em qualidade e eficiência aos produzidos no exterior. O acesso à informática foi dificultado, gerando custos excessivos em outros setores que perderam vantagem comparativa. Posteriormente, o protecionismo brasileiro foi atenuado e mesmo eliminado.

10) Muitas economias, envolvidas em acordos comerciais simultâneos nas rodadas da OMC, permitiriam que as vantagens comparativas pudessem ser aproveitadas de um modo global mais eficiente, enfraquecendo as práticas protecionistas e criando mais riqueza e empregos na economia global. Os acordos bilaterais excluem as outras economias e, consequentemente, há uma diminuição das possibilidades de trocas e ganhos.

Autores

Antônio Carlos Pôrto Gonçalves
Mestre e PhD em economia pela Universidade de Chicago (EUA). Engenheiro industrial e metalúrgico pelo Instituto Militar de Engenharia (IME-RJ). Chefe do Departamento Econômico de um grupo empresarial no período de 1974-1978. Professor titular do quadro permanente da Fundação Getulio Vargas (FGV) desde 1978. Professor titular de economia da Universidade Federal Fluminense (UFF). Diretor de ensino da Escola de Pós-Graduação em Economia (EPGE) da FGV em 1983-1987. Diretor do Banco Performance em 1985-1989. Diretor executivo de empresa financeira privada em 1989-1993. Diretor do Instituto Brasileiro de Economia (Ibre) da FGV em 1998-2004. Diretor dos cursos corporativos (FGV *in company*) da FGV desde 2004. Autor de artigos e livros de economia. Professor convidado do FGV Management.

Nora Raquel Zygielszyper
Mestre em economia pela Pontifícia Universidade Católica do Rio de Janeiro (PUC-Rio) e bacharel em engenharia elétrica, com especialização em sistemas, pela mesma universidade. Professora do Departamento de Economia da PUC--Rio e professora convidada do FGV Management.

Robson Ribeiro Gonçalves
Mestre em economia pela Universidade Estadual de Campinas. Graduado em economia pela Universidade de São Paulo (USP). Consultor de empresas públicas e privadas na FGV Projetos. Professor convidado do FGV Management. Coautor dos livros *Economia empresarial* e *Economia: simples como deve ser*. Foi

técnico do Banco Central do Brasil e pesquisador do Instituto de Pesquisa Econômica Aplicada (Ipea).

Virene Roxo Matesco
Doutora em economia pela Universidade Federal do Rio de Janeiro (UFRJ). Bacharel em economia pela Universidade de Brasília (UnB). Ex-diretora e membro do Conselho da Sociedade Brasileira de Estudos de Empresas Transnacionais e da Globalização Econômica (Sobeet). Professora emérita da Escola de Comando e Estado-Maior do Exército (Eceme/RJ). Foi pesquisadora sênior do Instituto de Pesquisa Econômica Aplicada (Ipea), órgão da Secretaria de Assuntos Estratégicos da Presidência da República. É autora de várias pesquisas, trabalhos e artigos publicados no Brasil e no exterior e coautora de vários livros de economia e temas correlatos. Palestrante e consultora de empresa. Professora convidada do FGV Management.

Este livro foi impresso nas oficinas gráficas da Editora Vozes Ltda.,
Rua Frei Luís, 100 – Petrópolis, RJ.